人生の9割は出逢いで決まる

Senda Takuya
千田 琢哉

01
Prologue

出逢い探しをやめると、
運命の人に出逢う。

あなたはこれまで出逢ってきた人たちの集大成である。

ホギャー！　とこの世に生まれてから今日に至るまで、様々な人と出逢ってきたはずだ。

今まさにこうして本書を読んでいるということは、私とも出逢ったことになる。

婚活や人脈交流会でわざわざ出逢い探しをしなくても、今目の前にいる人との出逢いを大切にすることだ。

婚活パーティへ行って実際に結婚に至る確率を、誰かが都合の良いように作ったデータではなく、自分自身の目で確認してみよう。

人脈交流会で成約に至る確率を、誰かが都合の良いように作ったデータではなく、自分自身の目で確認してみよう。

それらの確率の低さに愕然《がくぜん》とするはずだ。

出逢いは血眼《ちまなこ》になって探すものではなく、温めていくものだと気づかされるはずだ。

打算的に迫ってくる相手より、偶然出逢った相手にあなたは運命を感じるはずだ。

学校のクラスで隣同士の席になったのがきっかけで、そのまま親友になった。

会社の配属先が同じになったのがきっかけで、そのまま恋人になった。

たまたま休日出勤していたところにかかってきた電話に出たら、大口の取引に繋がった。

お世話になった編集者の転職祝いに手持ちの原稿を贈ったら、それが今日の人生の礎《いしずえ》となるベストセラーになった。

たまたま立ち寄った書店で税金の新書を手にしたところ、特別減税制度がちょうど始まったことを知り、税務署から支払った税金のうち約1千万円が戻ってきた。

いずれもこれまでの私の人生の出逢いのごく一部であり、すべて実話である。

人生を変えるような運命の出逢いというのは、すべて「たまたま」なのだ。

婚活や人脈交流会で運命の出逢いをする人は、「たまたま」友人の付き添いだったり、あくまでも熱心に勉強するために参加したりしていた人たちなのだ。

運命の出逢いをしたければ、「出逢わなければならない」という執着を手放すことだ。

あらかじめ用意されている出逢いは、どこかいやらしい。

そしてそのいやらしさは時間が経てば必ず相手にばれる。

「たまたま」を「たまたま」で終わらせず、丁寧に温めていくと運命の出逢いに育つ。

「出逢い力」とは、「たまたま」を逃さない力なのだ。

2015年7月吉日　南青山の書斎から　千田琢哉

Contents
目次

人生の9割は

出逢いで決まる

Contents
目次

Chapter 2

成功するための出逢いに備える

Chapter 3

師との出逢いで、成長する

Chapter 4

親友・恋人との出逢いで、人生を充実させる

Chapter 5

モノとの出逢いで、自分を高める

Chapter 1

出逢いのスタンスを変える

Stance

Chapter 1

02

出逢いの１人目は、
いつだってあなた自身。

出逢い探しをする人は、いつも外に目を向けている。

ところがいくら外に目を向けても、出逢えないものは出逢えない。

なぜなら肝心な人との出逢いに気づいていないからだ。

肝心な人とは、あなた自身のことである。

あなた自身と向き合っていなければ、人生は何も始まらないのだ。

出逢いの１人目は、いつだってあなた自身なのだ。

自分という人間に出逢っていることを忘れると、根なし草のようにあっちへふらふら、こっちへふらふらして他人との出逢いもなくなる。

たとえ出逢っても、出逢いを活かせなくなる。

出逢いを活かすコツは、まず自分と出逢っている事実に感謝することである。

宗教じみた話に聞こえるかもしれないが、感謝することから出逢いは始まるのだ。

あなたがこの世に生まれた奇跡に感謝することだ。

あなたが今日まで生きてきた奇跡に感謝することだ。

あなたがこうして本書を読んでいる奇跡に感謝することだ。

そうすれば必ず出逢いは訪れる。

「良い出逢いがない」と愚痴《ぐち》っている人は、自分と出逢っていることに気づいていないのだ。

「私にはこれまでずっと親友も恋人もいないから孤独で辛い」と落ち込んでいる人は、自分という人間の素晴らしさに気づいていないのだ。

外に目を向けるのではなく、まず内に目を向けてみよう。

新しいことに手を出す前に、まず足元をしっかり固めてみよう。

ずっと探し求めていた幸せというのはどこか遠くに存在するのではなく、身近に存在することが多い。

当たり前すぎて見落としていたことにこそ、幸せの種は眠っている。

当たり前と思って見落としていたということは、感謝を忘れていたということだ。

どんなに孤立無援になっても、どんなにモテなくても、あなただけはあなたの味方であるという揺るぎない事実を思い出すことだ。

自分で自分を認めてあげると、必ずあなたを認めてくれる別の誰かが現れる。

Chapter 1

03

自然に出逢った人が、今のあなたに必要な人だ。

あなたがごく普通のサラリーマンだとしよう。

その場合、人脈を広げるために交流会にせっせと足を運んだり、成功者と出逢うために苦労してコネを作ろうとしても徒労に終わる可能性が高い。

私のサラリーマン時代にも、有名人や著名経営者とコンタクトを取るのが大好きな人がいたが、肝心の仕事はからきしできなかった。

彼は成功者の名刺コレクターだったが、会った事実だけが自慢でその後は何も繋がっていないようだった。

折れ曲がってヨレヨレになった名刺を見せられるたびに、私は彼に心底同情したものだ。

あまりにもレベルが違いすぎる相手との人脈は役に立たない。

それよりは、**身の丈に合った人脈のほうが、いざという時にはずっと役立つ**ものだ。

私は転職も独立も両方経験したが、今振り返ってみると**人生の節目で支えてくれたのはすべて成り行きで自然に出逢った人たち**だった。

もちろん自然に出逢ったといっても、何もせずにボーっとしていたわけではない。

その都度、その都度、与えられた環境の中で出逢った人たちと真剣に接しているうちに、結果として自分にふさわしい人脈ができていたということだ。

取引先にはいつも真剣勝負で接していた。

上司や部下、同僚にはいつも真剣勝負で接していた。

受付や派遣社員、パートタイマー、アルバイトにはいつも真剣勝負で接していた。

掃除のおばちゃんにはいつも真剣勝負で接していた。

転職するきっかけを作ってくれたのは会社の後輩だったし、転職直前まで支えてくれたのもその後輩だった。

独立するきっかけを作ってくれたのは取引先の社長だったし、独立後に支えてくれたのはそれまでにあちこちで関わってきた人たちだった。

小学校1年生の時に隣の席だった女の子がエールを送ってくれたこともあった。

人脈というのは、いくらあなたが背伸びをしても必ず身の丈にあったものに落ち着いていく。

自然な出逢いこそが、今のあなたに必要かつベストタイミングだと考えるのだ。

Chapter 1

04

今いる場所の居心地が
悪くなったら、
環境を変える合図。

サラリーマンで、左遷されて居心地が悪くなった人はいないだろうか。

あるいは人間関係で悩んで食事が喉《のど》を通らなくなった人はいないだろうか。

それは今いる場所を飛び出しなさいという合図だ。

私のサラリーマン時代には、同じ部署の先輩の中に入院した人がいたが、その後会社を辞めて公務員になった。

隣の部署の同僚でどうしても業務内容が合わずに半分ノイローゼ気味になり、別の業界に転職した人もいた。

いずれも幸せそうだった。

今の場所を飛び出して環境を変えるタイミングは、慢性的な体調不良で通院し始めた頃だ。

医師から入院を告げられるようなら、迷わず飛び出して良い。

否、ぜひ飛び出すべきだ。

あなたの体が、今いる場所では幸せになれないことを訴えているのだ。

このアラームを無視すると、どんどん死に近づいていくだろう。

すべての悩み事の根っこには、人間関係が横たわっている。

つまり**今いる場所を飛び出すということは、人間関係を変えるということ**だ。

もちろん今いる場所で築いてきた人間関係が無駄というわけではない。

無駄ではないが、いつまでも執着する必要はない。

今いる場所を飛び出して環境を変えれば、より素敵な出逢いが必ず巡ってくる。

飛び出した先でより素敵な出逢いがあるからこそ、神様はあなたに今いる場所で散々苦労させているのである。

もしあなたが神様のご好意を無視して今の場所に居座れば、もっと苦労することになる。

なぜなら神様はあなたを幸せにするために、何としてでも今いる場所から飛び出させようとするからである。

人生では人間関係で悩む時期も大切だ。

だが悩みすぎて体を壊しては元も子もない。

少しでも心や体に異変が起きたら、今いる場所から一目散に逃げることだ。

「転職したってどこも一緒」というのは真っ赤な嘘だ。

「独立したらサラリーマンと違って大変」というのも真っ赤な嘘だ。

私や周囲の成功者たちは、**転職や独立をしながらどんどん幸せになっている**のだから。

Chapter 1

05

追いかけるより、
追いかけられる存在になる。

良い出逢いを求める人は多いが、大切なことを忘れている人が多い。

それは、**自分との出逢いが相手にとっても良い出逢いなのか、ということ**である。

これは非常に大切なことだ。

良い出逢いはあなたの片想いではなく、相思相愛の関係であるべきだ。

恋愛で辛いのは、好きでもない相手から告白された場合の対応だ。

好きでもない相手から告白されると、照れ臭くなるのと同時にどこか違和感がある。

その違和感の本質は、人はないものねだりの生き物だということにある。

自分に欠けているものを必死に相手に求めるから、相手にしてみれば格下の相手に強く依存されている鬱陶《うっとう》しさがあるのだ。

容姿に自信のない女性は、容姿に恵まれた男性に強く惹かれる。

決断力に自信のない男性は、決断力のある自信に満ちた女性に強く惹かれる。

格上の相手から見れば、格下の相手の力量など一目瞭然《りょうぜん》だ。
どうして相手が自分に惚れたのかが手に取るようにわかるものだ。
だから自分より明らかに劣った相手から惚《ほ》れられるのは、どこか違和感があるのだ。
これは人間の本能であり、自然の摂理だから我々人間はコントロールできない。
異性のみならず、同性の関係も同じだ。
お互いにどこかで認め合っていなければ、関係は長続きしないのだ。
翻《ひるがえ》って、あなたはどうだろうか。
いつも追いかけてばかりの人生で「良い出逢いがない」と嘆いてはいないだろうか。
良い出逢いがないのは、単純にあなたの魅力が欠けているからだ。
魅力があれば放っておいても人が集まってくる。
追いかける側から追いかけられる側になると、必然的に良い出逢いに恵まれる。

追いかけられる側になるためには、あなたの魅力をアップさせる以外に方法はない。

今まで自分が追いかけてきた人たちの共通点を自分で書き出してみることだ。

これまであなたが追いかけ続けてきた人は、どんな服装をしていたか。

これまであなたが追いかけ続けてきた人は、どんな挨拶をしていたか。

これまであなたが追いかけ続けてきた人は、どんな会話をしていたか。

追いかける側と追いかけられる側とでは、明確な違いがあるはずだ。

今その違いに気づいたら、**追いかけられる側になるために楽しく修行を積むこと**だ。

Chapter 1

06

あなたが嫌われた原因の半分は、相手にある。

どんな賢者でも、全員から好かれることはない。

それどころか、優秀すぎると命を狙われてしまうことさえある。

反対にどんな愚者でも全員から嫌われることはない。

結婚して家庭を築いていることもあれば、愚者同士でグループを構成して楽しくやっていることもある。

これが人間の面白いところだ。

普通に接していただけなのに、一方的に相手から嫌われた経験はないだろうか。

もちろんその原因の半分はあなたにあるだろう。

事前の打ち合わせのメールのやり取りが失礼だったのかもしれない。

気持ちの良い挨拶ができなかったのかもしれない。

服装がダサかったのかもしれない。

会話に問題があったのかもしれない。

いずれにせよ自分なりに原因を考えておくことは大切だ。

ところが、もう半分はあなたの力ではどうにもできない理由なのだ。

それは、相手が人間的に未熟であなたの個性を受け止める器がなかったことによるものだからである。

だから**一方的に嫌ってくる相手は放っておけば良い**のだ。

そんな未熟な相手はあちこちで同じことをやらかしているから、周囲が敵だらけなのは間違いない。

まもなく社内や業界で干されることになるし、誰からも相手にされなくなる。

孤立無援になった相手はそこで初めて反省し、泥水をすする思いで再起を図るのだ。

そうすることによって、相手は相手で人生の修行を積んでいるのだ。

こうした未熟な相手に対してあなたは決して媚《こ》びないことだ。

ちょっと残酷なのだが、私が20代の頃に、自分のことを一方的に嫌ってくる相手が落ちぶれるのを秘かに追跡調査したことがある。

学生時代に貪《むさぼ》り読んだ人間関係の本に書いてあったことを、リアルで検証したかったからだ。

結果は１００％の確率で、見るも無残な姿で落ちぶれていった。

一方的に嫌ってくる相手に、好かれようとする必要はない。

Chapter 1

07

人にも職業にも、
明確な序列があることを
受容する。

「人はみな平等である」

「職業に貴賤《きせん》なし」

これらの教えはお子様の義務教育まではひたすら正しい。

ところが、**社会に出ると人にも職業にも明確な序列があることに気づかされる。**

否、小学生でも鋭い子ならこんなことくらいとっくに気づいている。

あえて口にすることではないが、だからこそ大切なことが人生にはたくさんある。

タブーというのは、本当はみんな興味津々なのに、決して口に出してはいけないことだ。

建前では「人はみな平等である」「職業に貴賤なし」と美辞麗句を並び立てられるが、本音では人にも職業にもピンからキリまで存在するから、我が子にはぜひピンの人生を送ってもらいたいと切に願うのが親心というものだ。

ピンの人や職業は周囲から尊敬されて経済的にも恵まれていることが多く、キリの人や職業は周囲から見下されて経済的にも恵まれていないことが多いから当然だ。

動物の世界では弱い雄は子孫を残す資格がないどころか、他の雄たちからいじめ抜かれて殺されてしまうこともある。

ところが人間社会は弱者救済措置が充実してきて、むしろ弱者のほうが権利を主張して威張《いば》っているくらいだ。

弱者救済措置はあくまでも人工的に作られた制度だが、人にも職業にも序列があるのは揺るぎない自然の摂理だ。

だからその事実は、どれだけ制度で隠そうとしても隠し切れないのだ。

いじめと差別は善悪の概念を超えた生物界の根本にあるものであり、容易にはなくならないのだ。

以上を踏まえた上で、あなたはどう生きるかである。
建前は建前で重んじるとして、本音は本音で理解しておくのが賢明だろう。
せっかく生まれたのだから、人として少しでもランキング上位に入るほうが良い。
せっかく生まれたのだから、少しでもランキング上位の職業に就いたほうが良い。
あるいは今の職業を社会的に認めてもらえるよう、自ら命がけで成長させることだ。
綺麗事を抜きにすると生物界というのは厳しいサバイバルゲームだ。
弱者だと支配されるし、強者だと自分の思想を弱者に押しつけることができる。
出逢った相手にいつも見下されてしまうとしたら、それはあなたが弱者だからだ。

Chapter 1

08

「たまたま」の出逢いを
奇跡の出逢いに変えるのは、
勉強しかない。

学生時代にある作家の本を読んで随分興奮した。

その作家はアメリカに留学して、のちに大統領となる人物と親友になったり、世界的な大女優と知り合いになったりした。

面白いのは彼だけが特別に将来の大物と出逢っていたわけではなく、他の学生も同様に将来の大物と出逢っていたというのだ。

だが彼だけが将来の大物と友人になれて、その他大勢の学生たちはキャンパス内でただすれ違っただけの関係で終わってしまった。

その違いは勉強量にあったというのだ。

勉強量が少ないと「たまたま」の出逢いはすべてすれ違っただけの関係で終わってしまう。

ただ挨拶を交わしたり、天気の話をしたりしておしまいだ。

ところが**勉強していると「たまたま」の出逢いが奇跡の出逢いに変わる**というのだ。

これは確かにその通りだ。

パーティーや交流会に出かけても、勉強していない人は本当にただ名刺交換して終わりなのだ。

ところがちゃんと勉強していれば、必然的に話が面白いから、「またお会いしましょう」という話に発展する。

もしあなたがろくに勉強もしていないなら、パーティーや交流会に参加するのは時間の無駄だ。

そんな時間があれば、読書したり映画鑑賞したりしたほうが断然良い。

本当に出逢いを求めるのであれば、パーティーや交流会には1年間参加しないで、本を100冊読むか、レンタルで良いから映画を100本鑑賞したりすることだ。

そのほうが話題も豊富になって出逢いを活かせるようになる。
本を100冊読めば、たとえ不得意分野の話をふられても、聞き役に徹している
うちに必ずどこかで自分の土俵で話題を展開できる瞬間がやってくる。
映画を100本鑑賞すれば、たとえ初対面の相手でも好きな俳優や女優の話題で
打ち解けられる。
読書や映画に限らないが、**自分が興味のある分野を深掘りしていくのが大人の勉強**だ。
深掘りしていくためには、より広く掘らなければならない点は砂場の穴掘りと同じだ。
何か1つを深掘りしていくと、他の分野と通じていることに気づかされるのだ。
そうしているうちに、**何でもないと思っていた出逢いが人生を変える運命の出逢い**
になるものだ。

Chapter 1

09

名刺に頼りすぎると、
出逢いはなくなる。

これまで日本では名刺がかなり重んじられてきたが、海外ではただのビジネスカードと割り切っている風潮がある。

だから日本では名刺交換のマナーに滅法《めっぽう》うるさいが、海外では簡単に片手で渡して片手で受け取っている。

さらには相手にもらった名刺をそのままメモ代わりに使うことも多い。

ここ最近は日本でも、名刺を重んじる傾向が弱くなってきた。

名刺を持たない人も増えてきた。

サラリーマンはまだ名刺を渡すのが普通だが、フリーランサーとして成功している人には、**本当に必要な相手だけに名刺を渡す**という人をよく見かけるようになった。

もちろん成功している彼らが名刺代をケチっているわけではない。

相手からアプローチしてきたということは、こちらの名前を知っているのはもちろん、メールアドレスや電話番号もすでに知っているということだ。

つまり今さら名刺を渡す意味がないと考えるのだ。

仰々しく両手で受け取って社交辞令を交わすのも、時間と労力の無駄なのだ。

同じ会社から2人以上でやってくるサラリーマンがいたら、これから直接仕事をする担当者だけに名刺を渡しておけば良いのだ。

私の場合はこちらが1人なのに対して、相手が複数で名刺を渡してくる機会が多い。その場合は私からはあえて名刺を渡さないようにしている。

長ったらしい儀式としての名刺交換は場が白ける上に、時間がもったいないからだ。

決定権者や担当者が判明した時点で、商談中にデスクの上で名刺を滑らせれば良い。

一方的に名刺を渡してきたその他大勢には、記載されていた住所にハガキを書いていた時期もあったが、ほとんど返事が来た記憶はない。

20世紀のサラリーマンのようにゾロゾロやってこなくても、決定権者や担当者が1人いれば良いわけだから、**その1人との出逢いを私は大切にしたい**のだ。

その他のゾロゾロやってきた連中は出逢いでも何でもなく、通りすがりの関係だ。

そんな無駄な人件費があれば、私にその分フィーを上乗せしてもらいたいくらいだ。

サラリーマンは名刺がなければ威厳を示せないことが多いから、まだしばらく名刺文化は続くだろう。

だが相手に憶えてもらえる出逢いにしたければ、**名刺についている看板や肩書きに頼らず、いつも単独行動すること**だ。

Chapter 1

10

「一度会ったことがある」
という自慢は、
ご縁がなかったということ。

あなたの周囲に「あの有名人に一度会ったことがある」と嬉しそうに自慢している人はいないだろうか。

「一度会ったことがある」ということは、二度目は会ってもらえなかったということ。

つまりご縁がなかったということだ。

私も人を介して、「○○氏が千田さんと一度仕事をしたことがあると自慢していましたよ」という話をよく聞くが、いずれも私がご縁のなかった人だと判断を下した相手ばかりだ。

中には勝手に対談の動画をインターネット上にアップしたり、友だちを装いメルマガを流したりしている痛い連中もいる。

いずれもいかがわしいビジネスの関係者ばかりだ。

デートで考えればわかりやすい。

一度デートをして二度目のデートを断られたということは、フラれたということに他ならない。

つまり嫌われたということだ。

「一度会ったことがある」という自慢は、フラれたことを自慢しているようなものだ。

もし、あなたが出逢いを活かせる人間になりたいなら、そんな自慢をしないことだ。

「一度会ったことがある」ということは、「私には魅力がありません」とわざわざ告白しているようなものだからである。

賢明なあなたならすでにお気づきのように、自分に魅力もないのにむやみに人に会ってばかりいるとそのうち会ってくれる人が誰もいなくなる。

なぜならすべてにおいて一度限りの関係になってしまうからだ。

人は魅力のない相手には二度と会いたいとは思わないものだ。

二度目も会いたいと思われるということは、魅力があるということだ。

二度目も会いたいと思われるようになるためには、あなたが二度目も会いたいと思える相手を観察して真似をすれば良い。

二度目も会いたいと思える相手は、話をよく聞いてくれる人ではなかったか。

二度目も会いたいと思える相手は、相槌《あいづち》の打ち方が卓越してはいなかったか。

二度目も会いたいと思える相手は、去り際が美しくなかったか。

私はこれまでビジネスにおいて、リピートや紹介で困ったことは一度もない。

「二度目も会いたい」と思ってもらえるように、命がけで工夫を凝らしてきたからだ。

Chapter 2

成功するための出逢いに備える

Success

Chapter 2

11

まず、自分が今いる場所で輝く存在になる。

成功者と出逢いたければ、あなたが成功者になることだ。

「そんな話をされたら元も子もないではないか！」と憤《いきどお》るかもしれないが、これは変に小細工を使うより遥かに長期的な出逢いに発展するための最短コースだ。

あえて成功者に失礼なことを言って怒らせてみる。

成功者の自宅の前で待ち伏せする。

必ずウケるトークで相手を爆笑させる。

仮にこれらの小細工を使っても通用するのは最初の1回のみである。

小細工だけでは2回目以降はもう会ってもらえないのだ。

1回のみの関係だけで終わるということは、永遠に成功者と深い関係を築けずに人生を終えてしまうということだ。

だから小細工を使ってもかえって遠回りになったり、徒労に終わることになるのだ。

それよりはあなたの得意分野で5年間猛烈に努力することだ。

得意分野で5年間猛烈に努力すれば、たとえ成功者になれなくても、今いる場所で輝くことができる。

今いる場所で輝くことができれば、成功者は必ず一目置いてくれる。

サラリーマンで5年も輝き続ければ、確実に役職が1ランクアップするはずだ。

平社員が係長になる。

編集者が副編集長になる。

課長が部長代理になる。

フリーなら5年も輝き続ければ、業界ではちょっとした有名人になるはずだ。

役職や知名度以前に、今右肩上がりだという事実が成功者に伝わることが大切だ。

右肩上がりのオーラは成功者が大好きなオーラだからである。

私自身の出逢いを振り返ってみても、右肩上がりの最中の出逢いはすべて上質な出逢いばかりだった。

私が右肩上がりの最中にはたとえ運気の悪い人たちと出逢っても、相手が勝手に離れて行ってくれたものだ。

出逢いがないか、出逢いの質が低いのは、今のあなたが輝いていないからだ。

出逢いに対して愚痴るのではなく、自分が勝てる土俵で勝つ努力をすることだ。

そうして**あなたが輝くようになれば、自然と成功者との良い出逢いのチャンスは訪れる**はずである。

Chapter 2

12

憧れの人が本を出していたら、全部読破しておく。

あなたに**憧れの著者がいれば、今からその著者の本をすべて読破しておくこと**だ。

一度ならず何度も読み返し、その著者の思想をインストールしてしまうことだ。

そうすることで、あなたは憧れの著者に近い人たちと出逢う機会が確実に増える。

最終的にはその著者に出逢う機会が巡ってくるかもしれない。

なぜ憧れの著者に近い人たちに出逢えるかといえば、**憧れの著者の思想をインストールすれば、似たような思考パターンの人々が匂いを嗅《か》ぎつけてくるからだ。**

人は同じような思想を持った者同士でグループを構成している。

同じような本を読んだり同じような映画を鑑賞したりしてきた者同士が、「たまたま」の出逢いを「たまたま」で終わらせない関係になるのだ。

だから**あなたは将来、あなたが今読んでいる本のような人生を歩むことになる。**

私自身の人生を振り返ってもその通りだった。

私は学生時代から自分がハマった著者の本はすべて読破してきた。

自分がハマった著者の本をすべて読破するのはこの上なく快感だ。

どんなに忙しくても、どんなに疲れていても、自分がハマった著者の本を手にするのは苦にならなかった。

その結果、今の私はこれまでに読んできた本の著者のような人生を歩んでいる。

その結果、今の私はこれまでに読んできた本の著者と同じような思想の人々に囲まれている。

もし私が本を読んでいなければ、なんとなく人生を生きて、なんとなく人生を生きてきた人々に囲まれていたに違いない。

これを他人事だと笑っている場合ではない。

世の中にはなんとなく人生を送っている人が圧倒的に多いからだ。

あなたが自分の理想とする出逢いをして、自分の理想とする人生を歩みたいのであれば、その理想をあなたの全身から発散させておくことだ。

そのためには読書しかない。

最近、私のもとに届けられるメールで増えてきたのは、〝千田本〟読者同士の交流だ。

そこではビジネスに発展することはもちろん、友情が芽生えたり、愛情が芽生えたりもしているようだ。

それらのメールを読むたびに、私は昔の自分を思い出すようでほっこりする。

「お互いに成功したら、いつか雑誌で対談してみたいな」と思う。

Chapter 2

13

「マジ」「超～」「ヤバい」という下々の言葉とは、別れを告げる。

ちゃんとした出逢いをしたければ、ちゃんとした言葉を使うことだ。

私の書斎には日々様々な会社のサラリーマンが訪れる。

私に対して全員敬語を使うのだが、「この人は出世できないな」とわかってしまうのが下々の言葉を発した瞬間だ。

名前のよく知られた大企業の秘書を経験した女性が、「マジ」「超〜」「ヤバい」と平気で言っているのを目の当たりにして心底萎《な》えたこともある。

どんなに美しい敬語を使っていても、**会話に「マジ」「超〜」「ヤバい」が入った時点でゲームオーバー**だ。

ちゃんとした成功者は「マジ」「超〜」「ヤバい」という言葉を使う相手を絶対に一人前扱いしない。

いくら30代や40代で仕事ができたとしても、心の中では新入社員として扱う。

これまで経営コンサルタントとして様々な組織に入り込んできたが、いい歳をしていて結構仕事もできるのに、意外に出世しなかったサラリーマンは「マジ」「超〜」「ヤバい」を口癖にしていた。

理由は明白である。

社内外の権力者から嫌われてしまうからである。

社内で上司に対してつい「マジ」「超〜」「ヤバい」とこぼそうものなら、「コイツの出世は見送ろう」という決定打になる。

社外の決定権者に対してつい「マジ」「超〜」「ヤバい」とこぼそうものなら、いずれ担当者交代の要請が会社に入れられる。

30代や40代になっても「マジ」「超〜」「ヤバい」と平気で言っているということは、膨大な数の権力者から嫌われてきたということだ。

敬語の大切さは誰もが知っている。

敬語を使わなければ必ず誰かが注意してくれる。

だが下々の言葉を使ってもちゃんと注意してくれる人は少ない。

なぜならダサい会社では、管理職の人やベテランですら下々の言葉を使っていることが多いからだ。

だったら自分で気づいて自分で使わないように注意するしかない。

まずは、**今この瞬間から自分が使わないと決める**ことだ。

次に、**下々の言葉を使う人からは距離を置く**ことだ。

以上を徹底すれば、良い人との出逢いを逃す可能性を激減させることができる。

Chapter 2

14

第一印象の悪い成功者は、狙い目。

第一印象の大切さが説かれるようになって久しい。

第一印象が大切だというのは本当だろうか。

まあ、間違ってはいないだろう。

ただ、それはとりわけ圧倒的多数の凡人にとって大切だということであって、功成り名遂げた人物にとっては第一印象は凡人ほどには大切ではない。

現に文句なしの大成功を収めた経営者やスーパースターたちには、第一印象が悪い人が結構多いものだ。

中にはあえて嫌われようとしているのではないかと思える成功者もいるくらいだ。

コンサルタント時代に彼らに直接会って話を聞いてみたところ、こんな事実が浮き彫りになってきた。

成功してしばらくは誰にでも愛想《あいそ》良く接していたが、そこにつけ込んでくる連中が急に増えてきたため、あえて第一印象を悪くしているという。

第一印象を悪くしておいて、それでもアプローチしてくる相手にだけ会うという作戦だったのだ。

サラリーマン時代の私を振り返ってみても、ひと癖ある成功者たちは狙い目だった。

第一関門さえ突破すれば、表情が豹変《ひょうへん》して急に打ち解けてくれる人が多かった。

ある大阪の専門商社の創業社長は、第一印象が滅法悪く人間嫌いで有名だった。

当時息子の専務と仕事をしていた私は、いかに社長が人間嫌いかを聞かされていた。

その時点で社長と会えていた営業マンは、大手証券会社の社員のみだった。

ある日、私は社長と面談するチャンスを、一度だけという条件で得ることができた。

結論から述べると、この社長とは時々ランチに誘ってもらえるような関係を築くことができた。

最初の面談で6時間以上にわたって社長の自慢話を熱心に傾聴したからだ。

その社長は社内では独裁者のような存在で、従業員は絶対服従のワンマン経営者だったが、一度心を許すと別人のように良い人だった。

これに限らず、**第一印象の悪い成功者には根は良い人が多い**。

少なくとも、第一印象が悪いからといって、あなたの方から離れてしまってはもったいない。

たとえ**第一印象が悪くても、一度は勇気を振り絞ってチャレンジしてみること**だ。

成功者との出逢いのチャンスは、桁違いに増えるだろう。

Chapter 2

15

目上の人はあなたの
しょぼい意見ではなく、
なぜ自分に賛成なのかを
聞いている。

あなたの周囲に、せっかく優秀なのに窓際社員の先輩はいないだろうか。

抜群の業績を残している割には、それほど出世していない先輩はいないだろうか。

彼らの言動を一度チェックすると、こんな事実に気がつくはずだ。

社内外で目上の人たちから嫌われているということだ。

なぜ目上の人たちから嫌われてしまうのだろうか。

それは目上の人に対して平気で持論を展開してしまうからだ。

社内の会議で課長が「こうしたい」と意見を述べているのに、彼らは平気で反論してしまう。

サラリーマンの会議というのはあらかじめ答えが決まっているものだ。

課長が会議で「こうしたい」と言っているのは、部長から「こうしろ」と指示を受けているからなのだ。

もちろん部長は重役から「こうしろ」と指示を受けている。
つまり会社は一般社員たちのしょぼい意見など最初から求めてはいないのだ。
目上の人はあなたのしょぼい意見ではなく、ひたすら賛成を求めている。
賛成といっても「それで良いと思います」だけではダメだ。
これでは単なる無能社員として烙印《らくいん》を押されるだけだ。
それで良いのは当たり前の話で、なぜ良いと思うかの理由を述べるのだ。
しかも、課長が**思いもよらない天下一品の理由を述べるべき**だ。
課長が部長に報告する際に「この理由で決定しました」と報告させてあげることだ。
部長が重役に報告する際に「この理由で決定しました」と報告させてあげることだ。
それができる人が将来出世する人なのだ。
社外でもお客様はあなたのしょぼい意見なんて求めていない。

お客様はあなたがどうして賛成なのかを聞いているだけだ。

賛成の理由がお客様のプライドをくすぐれば、あなたは契約をもらえる。

それだけの話なのだ。

こんな初歩的なことすら知らずに、自称エリートたちは勝手に持論を展開して自滅してくれるからありがたい話だ。

サラリーマンに限らず、目上の人に好かなければあなたの出世は絶望的なのだ。

Chapter 2

16

ビジネス書のテクニックなんて、格上の相手はすべてお見通し。

ビジネス書の熱心な読者に、アドバイスしてあげたいと常々思っていることがある。

「自分を大きく見せる方法」「会話で主導権を握るテクニック」「プレゼンを通りやすくする裏ワザ」……等の小手先のテクニックが巷《ちまた》で溢れ返っているが、調子に乗って乱用していると格上の相手をウンザリさせることがあると知っておこう。

なぜなら**あなたより格上の相手は、それら小手先のテクニックはすべてお見通し**だからである。

偶然知らなかったとしても、いずれ小手先のテクニックに気づいた誰かが格上の相手に耳打ちをしてばれてしまう。

これは、私のコンサルタント時代も独立してからも、何度も実感した事実だ。

本人は良かれと思って得意気に小手先のテクニックを使っているつもりでも、相手からすれば単に痛いバカに映るだけなのだ。

格上の相手というのは、あなたが読んでいる程度の本はすでに通過している。

ビジネス書というのは、10年前や20年前に書かれた内容を、表現だけ変えてそのまま焼き直し、別の著者が別の本に書いていることも多いのだ。

加えて格上の人というのはあなたよりも人間洞察力が遥かに優れているから、小手先のテクニックには嫌悪感を抱くものだ。

以上はせっかく勉強熱心で行動力もあるのに、いつも努力が空回りして終わってしまう人に向けて述べた。

「下、三日にして上を知る」という言葉があるが、それはあくまでも欠点についてだ。

だから部下は上司の欠点を酒の肴にして人生を終えていくのだ。

現実には**格上の人間は格下の人間の力量を一瞬にして見極められる**。

私のサラリーマン時代から現在までを振り返ってみても、やっぱり出世しなければ世の中は何も見えないということに気づかされる日々だった。

上司という立場になって初めて、部下の頃には何も考えていなかった自分自身を認識して、赤面したものだ。

そして部下の能力はどのくらいで、弱い部分やずるい部分があることも手に取るように見えるようになった。

勉強熱心なあなたも将来出世するだろうから、格上の心理を予習しておくことだ。

その上で、**ビジネス書の小手先のテクニックはばれているものとして、使うなら謙虚な姿勢を忘れないようにして使うこと**だ。

Chapter 2

17

相手もすっかり
忘れているくらいの
小さな口約束を守る。

成功者というのは自分の「こうしたい！」を実現させるのが大好きだ。

だから成功者と会って話している最中に出てくる「こうしたい！」という発言は、その人が今実現したいことそのものなのだ。

もちろん「こうしたい！」の内容にはスケールが大きすぎることもあるが、中には誰でも簡単にできることもたくさんある。

「こんな資料があれば良いな」「今度あの店に行ってみたい」「あの映画に興味がある」といった程度のことなら、誰にだって実現させてあげることができるはずだ。

成功者と話している最中に「それでは今度ぜひ」とでも言っておいて、完全に社交辞令と思わせておきながら本当に資料の準備をしたり、本当に店に予約を入れたり、映画のチケットを手配すれば相手はどう感じるだろうか。

「コイツ、やるな」と一目置いてもらえるに違いない。

もしそれらが不要になったとしても、あなたに興味を抱くに違いない。

ここで大切なことは、最初から大きな約束はしないほうが良いということだ。

特にキッチリと成果を求められるような約束は避けたほうが良い。

大きな約束は果たせないことが多いし、そうなれば信頼も失墜《しっつい》する。

だから、間違っても自分から大きな約束を口にしてはいけない。

それよりも**守っても守らなくてもどうでも良いような約束、相手も忘れてしまっているような約束こそチャンス**なのだ。

現に私のコンサルタント時代には、社長を口説く際にこの小さな口約束を守り続けることで、契約をもらったり継続的にお付き合いすることができたりしたものだ。

仕事というのはどんな巨大プロジェクトでも地味な小さい作業の積み重ねだ。

同じように、地味な小さい約束を守り続けていくと、結果として大きな約束が果たせるようになるのだ。

成功者に微差の積み重ねの大切さを強調する人が多いのは、**小さな信頼の蓄積の上に初めて大きな夢が形になる**ことを痛感しているからである。

正式な紙面上の契約は誰もが守らなければならないと注意を払う。

ところが証拠が何も残らない口約束は誰もが油断する。

しかも小さな口約束となれば、99％の人は社交辞令で終わらせる。

そこで、**あなたが小さな口約束を守って実行すれば、それだけで上位1％に入ることができる**のだ。

Chapter 2

18

「本日は誠に
ありがとうございました」
より、「楽しかったです」。

あなたは目上の人からご馳走《ちそう》になった後、別れ際にどんな挨拶をしているだろうか。

「本日は誠にありがとうございました」は、確かに模範解答だが何も感動がない。

「ありがとうございました」に加えて、ぜひ「楽しかったです」も添えておくことだ。

「楽しかった」に勝る「ありがとう」はこの世に存在しないのだ。

「楽しかった」はその時間にあなたの人生が輝いていたということであり、究極の感謝の言葉なのだ。

私は20代のある時期に職場で抜群に仕事ができた先輩が「ありがとうございました」ではなく、「ムッチャ、楽しかったです」とお客様に言うのを目撃して、これは真似してやろうと強く思った。

最初のうちは「ありがとうございます。楽しかったです」というように「楽しかった」を最後に付け加えるようにしていたが、効果てき面だった。

「本日は誠にありがとうございました」と模範解答通りに言い続けていた頃より、「楽しかったです」と言ったほうが再び誘ってもらえる確率が明らかに高くなったのだ。

今は逆にこちらがご馳走する機会も増えたから、「楽しかったです」と言われる喜びがよく理解できる。

目上の人からご馳走になった時に**「楽しかった」という気持ちを伝えると、「また誘ってください」という意思表示になる**のだ。

「また誘ってください」と言われると、誰だって相手にかわいげを感じる。

このかわいげというのは、目上の人にこれからあなたが引っ張り上げてもらうためにはとても重要な能力の1つだ。

もしあなたがライバルと同じ能力であれば、かわいげがあるほうが確実に出世する。

否、**多少能力が劣っていたとしても、かわいげがあるほうが出世する**に違いない。

それが組織の実態なのだ。

ビジネスに限らずプライベートでもこれは同じだ。

デートでも「ありがとうございました」と言って深々とお辞儀をされるより、「今日は本当に楽しかったです」と笑顔で言われるほうが遥かに嬉しいはずだ。

「楽しかったです」には「また誘ってください」が含まれている。

あなたも今日から「ありがとうございました」に加えて、「楽しかった」を伝えよう。

必ず人生が好転していくはずだ。

Chapter 2

19

無理に開拓した人脈は、不幸のきっかけになる。

ある程度の営業経験を積めば誰もが気づかされるが、無理に契約をもらっても必ずその後にトラブルの原因になる。

私は様々な業界の完全歩合制営業マンたちと出逢ってきたが、彼らは無理に契約を取るとすぐに解約とクレームが殺到して業界を去って行ったものだ。

だから私は**「絶対に無理に開拓してはいけない」**と釘を刺していた。

無理に開拓をすることによって、今度は業界全体の評判が悪くなるからますます業界の不振に直結すると判断したからだ。

営業の世界に限らず、無理に開拓した人脈は不幸のきっかけになる。

相手が嫌がって何度も断っているのに、執拗《しつよう》に連絡して会ってもらおうとするのは迷惑千万だ。

仮に渋々会ってもらっても、相手はいかにして断るかを終始考えている。

つまり最初から「あなた＝話を聞いてもらいたい」「相手＝話を聞きたくない」という逆のベクトルだから、関係が成立していないのだ。

ひと昔前に比べてアポなしの飛び込み訪問は随分減ったが、それでも地方では一戸建て住宅を狙ってアグレッシブな営業をしている会社は散見される。

インターフォンで「回覧で〜す」と言われて扉を開けると、実は新聞の勧誘だったという話をつい最近も聞いた。

彼らは彼らでノルマがあって生活がかかっているから、それはもう執拗で断るのにひと苦労だったという。

あるいは「久しぶり〜、一緒に飲もう」とそれほど親しくなかった学生時代の知人から突然の電話があって、忙しい中渋々会ってみると保険の勧誘だったという話もよく聞く。

最初は思い出話で盛り上がっていたのに、いざ保険の話になると人が豹変して無理やり聞きたくもないレクチャーが始まる。

資料を広げてあまりにも熱心に説明してくるから、途中で話を遮ろうにも遮れない。

やんわりと断ろうとしても、「今月のノルマが大変だから!」と懇願されてしまう。

最後は泣き脅しに近い形で契約を迫られ、逃げるようにして帰ってくることになる。

以上は成功者との人脈づくりでも本質は同じだ。

無理に一度会ってもらうと、もう二度と会ってもらえなくなる。

成功者同士というのは絶対数が少なく、裏で繋がっている可能性が極めて高い。

一度成功者たちのブラックリストに入れられると、成功の見込みは絶望的になってしまうのだ。

Chapter 3

師との出逢いで、成長する

Mentor

Chapter 3

20

師は人ではなく、本ということもある。

師と聞くと人でなければならないと思い込んでいる人がいるが、そんなことはない。

これまでの私の人生における師は、大半が本だ。

もちろん、人の師から学ぶことは多いが、本の師からもそれに劣らず学ぶことができた。

実際に本の著者に会って話してみるとわかるが、本ほど系統立てて説明してくれるわけではないから、情報量という面では本以上のことを学べることはまずないのだ。

本というのは実に素晴らしいもので、著者が真剣に手間暇をかけて何度も推敲しながらようやくできあがる知の集大成だ。

しかもあなたが捨てさえしなければ、生涯残るから何度でも味わえる。

難しければ何度読み返しても良いし、好きな部分だけをつまみ食いしても良い。

読書は自分の知と向き合うことでもあるから、読むたびに新しい発見があるはずだ。

本は1冊が世に出るまでに複数のプロが関わっているから、完成度も極めて高い。

だからこそ、本の歴史は驚くほど長いのだ。

本を読んでいるうちにどうしても著者に会いたくなったら、セミナーや講演に参加してみるのも良いだろう。

あるいは、あなたが今いる場所で輝いていれば、対談する機会に恵まれるかもしれない。

私の場合はいずれの経験もあるが、**先に本を読み込んでいたからこそ、出逢いから学べることも多かった**ように思う。

直接著者の話を聞いてみると、自分が解釈を間違えて本を読んでいたことに気づかされることもある。

本では気づけなかった、著者の生の魅力を感じることもある。

これらは、本を読んでいなかったら得られなかった感覚だ。

人の師と出逢っても、学ぶことは非常に多いのは間違いない。

機会があれば、どんどん人の師に会えば良い。

だが歴史に名を残すような故人の師に出逢うには、もはや本以外に存在しない。

ニーチェ、ゲーテ、アインシュタイン、松下幸之助、本田宗一郎……といったような、過去の偉人たちから学ぶためには、やはり本が最適なのだ。

本を開くだけでニーチェと対話できるなんて、何という贅沢なのだろう。

本を開くだけで松下幸之助と対話できるなんて、何という贅沢なのだろう。

本の師との出逢いは、人の師との出逢いに劣らない。

Chapter 3

21

「この人から学びたい」と思った時点で、その人はあなたの師。

私のパソコンには「千田さんの弟子にしてください」といったメールが頻繁に届く。

そんなことをわざわざ断る必要なんてない。

「この人の弟子になりたいな」と思ったら、その時点であなたはもう弟子なのだ。

私自身がそうしてきたのだから、それで良い。

私は「弟子にしてください」と師にお願いしたこともなければ、これまで自分が弟子を募集したこともない。

自分で黙って師を見つけ、黙って弟子入りしたことしかない。

もし「弟子にしてください！」と懇願して、「締め切りました」と言われたらどうするのか。

あるいは「不採用です」と断られたらどうするのか。

それで弟子になるのを諦めるのか。

断られて弟子になるのを諦める程度なら、本当は弟子になりたかったのではなくて、「○○さんの弟子」という肩書きが欲しかっただけなのだ。

そんな退屈なやり取りは時間の無駄というものだ。

勝手に自分で弟子になって、師からとことん学べば良いのだ。

ここだけの話、師から直伝された弟子が必ずしも優秀とは限らない。

師から間接的に、必死に学んだ弟子のほうが世に出ることもある。

たとえば、師の高価な勉強会のＶＩＰ会員になっている弟子たちよりも、その外側で師の本や記事を読んだりインターネットから情報収集したりしている弟子のほうがずっと成功しているのはよくある話だ。

セミナーなどでも師によく当てられる最前列の席よりも、一番後ろの席で傍観者として座っているほうがよく学べるという人も多いのだ。

生のセミナーよりも収録ＤＶＤのほうがリラックスして学べるという人もいる。
何を隠そう、私もその１人だ。
大切なことは、師弟関係の形式ではない。
あなたがどれだけ成長することができるかが大切なのだ。
もちろん直接学んだほうが吸収できるというのなら、どんどん直接学べば良い。
だが、直接学ばなければならないという固定観念があれば、それは払拭しよう。
自分でこっそり弟子入りして、こっそり修行を積むのは、最高に楽しいのだから。

Chapter 3

22

良い弟子の必要条件は、素直であること。

成長する弟子として大切な素養は、才能と素直さだ。

何かの分野で成功するためには、才能の有無は非常に大切だ。

才能がなければ、いかに努力しても大成しないからだ。

もし才能がなければどれだけ努力してもプロの棋士にはなれないし、プロ野球選手にもなれない。

ここに議論の余地はない。

だが才能は大成するための必要条件であって、弟子になるための必要条件ではない。

弟子になるための必要条件は、何よりもまず素直さだ。

素直ではなくても成功する天才は存在するが、弟子という立場には向かない。

あなたが天才といえるほど類稀《たぐいまれ》な才能に恵まれてもおらず、また弟子入りして学びたいのなら、素直さがなくてはお話にならないのだ。

なんだかんだ言っても、師は素直な弟子を応援したいものだ。

師も人間である以上、好き嫌いがある。

好きな弟子には無意識にひいきするし、嫌いな弟子は無意識にぞんざいに扱う。

それで良い。

私もサラリーマン時代に好きな部下や後輩にはどんどん仕事を与えたが、嫌いな部下や後輩には放置プレイを決め込んだものだ。

独立した今ではますます好き嫌いが激しくなったが、これは自然の摂理だから完全に正しい。

素直な人間は好かれるから応援され、素直でない人間は嫌われるから応援されない。

それだけの話だ。

反対にあなたが素直になれない相手は、そもそもあなたの師には向いていないという割り切りも必要だ。

あなたが自然と素直になれる相手こそが、あなたの師にふさわしいのだ。

私の場合は、師に対して常に絶対服従だ。

師が人であっても本であっても、反論もしなければ質問もしない。

師が黒を白と言えば、いったんゴクンと飲み込んで白と考える。

その上でなぜ師は黒を白と言ったのかを自分の頭で考え抜く。

このくらいの覚悟がなければ、師から学ぶことなど到底できないのだ。

Chapter 3

23

「根拠は何ですか？」で、ゲームオーバー。

あなたは、師が言われて一番カチン！　とくるセリフを知っているだろうか。

弟子のあなたが一瞬で嫌われる悪魔のひと言を知っているだろうか。

「根拠は何ですか？」がその答えである。

師がアドバイスしたことに対して、「根拠は何ですか？」と返せばゲームオーバーだ。

師のアドバイスに対して弟子が根拠を求めるなんて、ナンセンスだ。

なぜなら根拠は自分の頭で考えるものだからである。

せっかくアドバイスをしてもらった上に根拠まで教えてもらうのでは、あなたは何も学べなくなってしまうではないか。

とりあえずアドバイスを試してみて、根拠は自ら気づいていくものだ。

優秀な師ほど「その根拠は？」と執拗に弟子に聞くのは、それが弟子の仕事だからだ。

弟子は自分のやったことに関してすべての根拠を考えなければならない。

根拠を考える癖がつけば、何事も頭を使って取り組むようになる。

だから根拠を自力で考えようとする弟子は成長するのだ。

仮に弟子が考えた根拠が間違っていても、自力で考えていれば師からまたアドバイスをもらえる。

師は自力で根拠を考える弟子が大好きだからだ。

根拠なんて間違っていても良いのだ。

とりあえず自力で根拠を考えて取り組んでいれば、必ず根拠はわかるようになる。

すぐに根拠を他人に聞きたがるのは、単にやる気がないからだ。

師に根拠を教えてもらいながら時間稼ぎをして、実はやる気のなさを隠蔽《いんぺい》しているだけなのだ。

「根拠は何ですか?」と聞いているうちに、「根拠は何ですか?」と聞かない弟子たちに先を越されてしまう。

「根拠は何ですか？」といちいち聞かずにサッと動いた弟子は、師から次のアドバイスをもらえる。

場合によっては根拠を教えてもらえる。

一歩も動かないで「根拠は何ですか？」と聞いている弟子は、「もうやらなくても良い」と満面の笑みで見捨てられる。

場合によっては餞別《せんべつ》として嘘の根拠を教えてもらえる。

Chapter 3

24

隠そうとすると目立ち、
目立とうとすると隠れる。

師の前では隠し事は禁物である。

師の前では隠そうとすればするほど目立ち、目立とうとすればするほど隠れる。

師はすべてお見通しなのだ。

弟子のあなたが自分の欠点をいくら隠そうとしても、師からは余計にピカピカと目立つだけだ。

弟子のあなたが自分の長所をいくら目立たせようとしても、師からは余計にどんよりと曇って見えなくなるだけだ。

師の前では自分を良く見せようと余計な小細工など使わずに、ありのままの未熟な自分をさらけ出したほうが良い。

そうすれば師はあなたを弟子としてより受け入れやすくなる。

等身大のあなたに対して、師は等身大のアドバイスができるようになるからだ。

否、それよりも大切なことは、**ありのままの自分をさらけ出すことにより、あなた自身が弟子としての心構えができる**ということだ。

ありのままの自分をさらけ出すということが、素直であるということだ。

これまで1万人以上と対話してきた私の経験では、自分が長所と思い込んでいるところは長所でなく、自分が短所と思い込んでいるところは短所ではない人が多かった。

これは人に限らず顧問先の会社にも当てはまった。

その会社が長所と思い込んでいるところは長所ではなく、その会社が短所と思い込んでいるところは短所ではなかった。

人も会社もそれぞれ間違った長所と短所で勝負しようと思っているから、幸せになれるはずがなかった。

本当の長所と短所というのは、自分ではわからないものだ。

一般的に人は「こう見られたい」という願望を長所と思い込み、「こう見られたくない」というコンプレックスを短所と思い込むことが多い。

ところが第三者から見えている長所と短所はまったく異なることがほとんどだ。

長所というのはあなたが意識していない部分にあることが多く、短所というのはあなたが良かれと思って得意気にやっていることやその周辺にあることが多い。

師の前では、弟子であるあなたは裸をさらけ出す覚悟で臨むことだ。

Chapter 3

25

口ではなく、体を動かす。

師が弟子を目利きする際に一番見ているのは、動く人間か否かである。

口を動かすのではなく、体を動かす人間が師から愛される。

師弟関係に限らず、口を動かすのは目上の人間の役割だ。下の人間の役割はいつも体を動かすことなのだ。

もしあなたがつい口を動かしてしまうタイプなら、挨拶などを除き、師から質問されない限り自分から口を開かないことだ。

たったこれだけであなたは注目してもらえる。

師というのはあなたが言ったことではなく、あなたがやったことを見ているからだ。

これまでに膨大な数の弟子を見てきた師は、口が達者な人間ほどモノにならないことを経験上熟知しているのだ。

私が新卒で入社した会社のある部署でトップの成績を収めていた先輩は、寡黙な人だった。

寡黙なのにコンスタントに成果を挙げているから、上司からも一目置かれていた。

その先輩と一緒にランチをしたり居酒屋でご馳走になったりして私が驚かされたのは、本当はとても気さくな人だったということだ。

話題が豊富で色んなことを教えてくれたものだ。

つまり会社で寡黙な人を装っているのはあくまでも演技だったというわけだ。

寡黙で成果を挙げると、より一層評価が高まることを彼は知っていたのだ。

否、知っていただけではなく、実行していたのだ。

反対にペラペラよくしゃべる先輩はまったく仕事ができなかった。

口が達者で言い訳上手の先輩は、なぜ成果を挙げられなかったかを毎回天才的に説明していたものだ。

それを聞いた上司も「それなら仕方がないか……」と諦めざるを得ない。

ところが会社はそんな人間を出世させることはない。

言い訳というのはその場しのぎであり、時間が経てば必ず底の浅さがばれてしまう。

それどころか、もし同じように仕事ができない二人がいた場合でも、言い訳上手の人間が先に干されることになる。

寡黙で無能ならまだしも、騒がしい無能は周囲の邪魔で迷惑だからだ。

翻って、あなたはどうだろうか。


つい口を動かしてしまうようなら、グッと堪えて体を動かしてみることだ。

Chapter 3

26

師は分野別に複数存在する。

師は1人である必要はない。
分野別に複数存在して良い。

仕事の師と趣味の師は別のはずだ。

仕事の中でも、プレゼンの師と電話対応の師は別の人間だろう。

趣味の中でも、囲碁の師とテニスの師は別の人間だろう。

社内外問わず自分の属するすべての組織で各1人ずつ師を持つことによって、あなたの人生は非常に充実したものになるはずだ。

何か新しいことを始めようとするなら、最初に師を探すことだ。

師を探してその師の真似をすれば成長は段違いに早くなる。

これは店舗コンサルティングの手法と同じだ。

売上を手っ取り早く上げようと思ったら、その店と環境が酷似した店で業績の良い店を〝師〟として徹底的に真似をすれば良いのだ。

業績の良い店の接客の真似をする。

業績の良い店のメニューの書き方の真似をする。

業績の良い店の品揃えの真似をする。

業績の良い店の味付けの真似をする。

あらゆる部分をとことん真似した上で、それでも露呈するのが自社の個性なのだ。

私はサラリーマン時代から現在まで、何かに挑戦する際には真っ先に師を見つけてきた。

どんな些細なことでも、身近で一番能力の高そうな人を見つけて真似をした。

「支払いの仕方がカッコいいな」と思ったら、その人の振る舞いを真似した。

「店員さんの服のセンスが良いな」と思ったら、その店員さんに服のコーディネートをしてもらった。

「あのトップコンサルタントの講演は上手いな」と思ったら、その人の収録テープを500回以上聴いた。

「この人のメールの文章はイケてるな」と思ったら、その人そっくりのメールを作るようになった。

そうこうしているうちに「あの作家は南青山に書斎を構えて良いな」と思っていたら、気がついたら南青山に書斎を構えていた。

真似をしたくなる師の数が多ければ多いほど、夢は実現しやすいのだ。

Chapter 3

27

師はあなたの成長に応じて、どんどん変えて良い。

一度師を決めたら浮気してはいけないと思っている律儀な人がいる。

そんなことはない。

師はどんどん浮気して良い。

あなたの成長度合いによって、師はどんどん入れ替わっていくはずだ。

野口英世の伝記を読めばわかるが、自分が成長するとそれに伴って師も変わっていくのだ。

私自身の人生を振り返ってみても、師をよく変えてきた。

ひいきの著者もよく変わったし、直伝の師もよく変わった。

巡り巡ってまた元の師に戻っていくことも何度かあった。

ここで素晴らしいのは、本物の師というのは出戻りの弟子を「お帰りなさい」と温かく迎えてくれることだ。

本の場合はさすがに「お帰りなさい」とは口に出して言わないが、それでも表紙がそう語りかけてくれているように感じる。

久しぶりにふと手にしてみると、そこに運命の言葉を発見することが多い。

人の場合は「去る者は追わず、来る者は拒まず」という姿勢を貫いている師が多いから、何事もなかったかのように打ち解けることができるだろう。

これまで様々な師に浮気してきたのは、最終的にこの師の素晴らしさを再認識するためだったということに気づかされることもある。

いずれにせよ、師というのは変わってしかるべきなのだ。

私はこれまで１００冊以上の本を出してきて、膨大な量のファンレターを頂戴した。

中でもとりわけ嬉しいのは、「他の著者に浮気していましたが、また戻ってきました」というものだ。

もちろん、また別の著者に浮気してもらっても良い。

私自身の師を思い返してみても、一流の人たちは何度でもその人のもとに戻りたくなる人たちだ。

厳しかったり、冷たく感じたりして一時的に他の師に浮気するのだが、やっぱりこの人の言っていることがピタッとくると思えるのが本物の師だ。

本物の師に出逢うために、どんどん浮気しよう。

あなたが浮気した師たちも、その時点ではあなたにとって必要な師だったのだ。

男女の浮気は問題があるかもしれないが、師の浮気はどんどんして良い。

Chapter 3

28

賛否の分かれる師は、本物。

師を選ぶ際に気をつけるのは、周りからの評判は気にしないということだ。

師の評判を気にしている人は、師から学べない。

なぜなら師から学ぶふりをして、評判から学ぼうとしているからだ。

プロフィールに「〇〇先生に師事」と書きたいから学ぶふりをしているだけなのだ。

これまで様々な師から学んできた私が断言するが、本物の師は賛否が分かれる。

師になる人物というのはその分野に生涯をかけてきた強者だ。

だから社会的な常識が欠如していたり、社交辞令をすっ飛ばしていきなりストレートに本音をぶつけてきたりして弱者を傷つける人が多い。

結果として敵を作ったり、アンチを作ったりしやすいわけだ。

極端な話、**その師を殺したいと思っているアンチがいるくらいが本物の師**なのだ。

もちろんその師のためになら死ねると思っている信者も存在する。

本物の師になる人というのはどこかカリスマ性が備わっているものなのだ。

あなたの師が賛否の分かれる存在なら、それは本物の可能性が高い。

ぜひその師からとことん学び続けることだ。

欠点があっても、それは天才として仕方がないことだ。

欠点があるのは、師が天才の証拠だと、むしろあなたは誇りを持つことだ。

逆に誰からも好かれる師というのはどこか面白みに欠ける。

誰に対しても細やかな気遣いをしていつも隙がない師というのは、弟子としては疲れてしまう。

それよりは「まったく師も仕方がないなぁ」と思える存在のほうが、あなたのやる気もみなぎってくるはずだ。

私の師にはアルコール中毒で夕方まで出社しない人もいたが、頭脳明晰《めいせき》だった彼からは自分の頭で考えることの大切さを教えてもらった。

私の師には毒舌で差別用語を連発する人もいたが、敏腕経営者だった彼からは成功哲学をダイレクトに教えてもらった。

私の師には華奢《きゃしゃ》な体躯《たいく》で虚勢を張る人もいたが、膨大な仕事量をこなす彼からはその仕事スタイルを学ばせてもらった。

未だに師は増え続けているが、いずれも欠点だらけの人たちばかりだ。

だからこそ味わい深いし、学ぶべきことが多いのだ。

Chapter 4

親友・恋人との出逢いで人生を充実させる

Friendship Love

Chapter 4

29

まず、自分に恋をする。

親友と出逢いたい人は多い。

恋人と出逢いたい人は多い。

だが、その前にあなたは自分のことを好きにならなければならない。

自分に恋をしなければ、他人から愛されることはないからだ。

冗談ではなく、これが同性からも異性からもモテモテになるコツなのだ。

ナルシストの人間に嫌悪感を抱く人もいるだろうが、それは嫉妬からくる感情だ。

「自分大好き人間が許せない」というのは、「私はあの人みたいに自分のことを好きになれない」という嫉妬の裏返しなのだ。

人は、自分もそうなりたいけど恥ずかしくてできないことを、堂々とやってのける相手に激しく嫉妬するものだ。

あなたの周囲にパッとしないのにモテモテの人が必ず1人はいるだろう。

その人を一度じっくり観察してみることだ。

例外なく自分大好き人間のはずだ。

チビ・デブ・ハゲの三拍子揃った男性でもモテモテだとすれば、自分のことが大好きだからだ。

不美人なのにモテモテだとすれば、自分のことが大好きだからだ。

ではどうすれば自分で自分のことを好きになれるのか。

一番手っ取り早いのは、**自分が心の底から大好きなことに取り組むこと**だ。

本当は好きなことを仕事にすれば文句なしに自分が好きになるが、最初は趣味レベルで始めれば良い。

絵でも、ヨガでも、料理でも、時間を見つけて好きなことに取り組むようにしてみる。

そしてそれを継続するのだ。

1年継続すれば、ちょっと自分のことを好きになれる。
5年継続すれば、随分自分のことを好きになれる。
10年継続すれば、立派な自分大好き人間のできあがりだ。
人は継続することが何よりも苦手な生き物だから、継続ほど価値のあるものはない。
自分の大好きなことを生涯かけてやり続ければ、最高に自分を輝かせられるのだ。

Chapter 4

30

男は強さ、女は美貌を堂々と追及する。

モテたければ、男なら強さを追求すれば良い。
モテたければ、女なら美貌《びぼう》を追求すれば良い。
それだけの話だ。
男の強さというのは、もちろん腕力も大切だが、地位や年収も強さの証だ。
男は強ければ強いほど同性にも異性にもモテモテになる。
同じルックスで強い男と弱い男がいたとすれば、前者が圧勝なのは誰でもわかる。
現実にはフツメンで強い男とイケメンで弱い男がいたとしても、前者の圧勝なのだ。
女は美しければ美しいほど同性にも異性にもモテモテになる。
同じ実力で美人と不美人がいたとすれば、前者が圧勝なのは誰でもわかる。
そして、並の実力の美人と卓越した実力の不美人であっても、前者の圧勝なのだ。
ここに議論の余地はない。

男の強さを磨くためには、小手先のテクニックは裏目に出る可能性が高い。

一度限りの関係ならまだしも、長期的に付き合っていかなければならない職場のような環境では、真の実力が露呈されてしまうものだ。

今いる場所で強者になるために、ありとあらゆる手段を使って実力を磨くことだ。

男は体を鍛えていなければ、なめられるのは当たり前だ。

体を鍛えよう。

男は出世しなければ、なめられるのは当たり前だ。

何が何でも出世しよう。

男は稼がなければ、なめられるのは当たり前だ。

つべこべ言わず、稼げるようになろう。

女の美貌を磨くためには、外面的なテクニックも有効だ。

もちろん内面からのケアも大切だが、とりあえずはパッと見て「綺麗だな」と思われるレベルには持っていくことだ。

お洒落な服装と化粧とダイエットでもダメなら、プチ整形を視野に入れても良い。

率直に申し上げて、**女は男が一瞥《いちべつ》して魅惑的に映らなければゲームオーバー**だ。

男も女も、以上の現実を直視して、粛々と実力を磨くことだ。

そのために、本やセミナーなどいくらでも用意されている。

Chapter 4

31

憧れの人の隣に並ぶのに、ふさわしい服装をする。

あなたには異性で好きな人がいるだろうか。

あなたには同性で憧れの人がいるだろうか。

その場合、ぜひイメージしてもらいたいことがある。

あなたはその人の隣に並ぶのに、ふさわしい服装をしているだろうか。

想像してみて赤面した人は、今のままでは永遠に好きな人や憧れの人の隣には行けないということだ。

人にはそれぞれユニフォームというものがある。

肉体労働者には肉体労働者のユニフォームがある。

スポーツ選手にはスポーツ選手のユニフォームがある。

銀行員には銀行員のユニフォームがある。

同様に一流の世界には一流のユニフォームがあり、三流の世界には三流のユニフォームがあるのだ。

ユニフォームが違えば、たとえ出逢ってもそれっきりの関係で終わってしまう。なぜなら、ユニフォームが違えば、相手はあなたのことを別世界の人だと判断するからだ。

憧れの人の服装を一度よく観察してみよう。

そしてその人の隣に並ぶのにふさわしい服装をしよう。

憧れの人の隣に並ぶのにふさわしい服装になれば、あなたから挨拶を交わしても相手は違和感を抱かない。

ここがようやくスタートラインだ。

憧れの人が時計にこだわっているなら、あなたも同じブランドの時計を買ってみることだ。

憧れの人が靴にこだわっているなら、あなたもお洒落な靴を買ってみることだ。

憧れの人がお洒落なブレスレットをしているなら、あなたもアクセサリーにこだわってみることだ。

そうすれば会話も弾む可能性が高い。

服装というのはその人の価値観の集大成だ。

相手に服装を合わせるということは、相手に価値観を合わせるということだ。

今の服装を変えるということは、人生を変えるということに他ならない。

出逢いを変えたければ、服装を変えることだ。

Chapter 4

32

連絡がとれない相手に、無理に連絡をとろうとしない。

モテない人の特徴に、しつこいということがある。

なかなか連絡をとれない相手に、無理に連絡をとろうとするのだ。

電話は絶対に折り返さなければならないという決まりはない、ということは忘れない方が良い。

メールも絶対に返信しなければならないという決まりはない。

仮に仕事上であっても、相手がお客様であったり目上の相手だったりした場合、返事をもらえなくても当たり前と考えるくらいで良い。

返事をもらえないということは、相手は返事をしたくないということだ。

返事をもらえないということは、相手は返事をしにくいということだ。

返事をもらえないということは、相手に返事をするまでもないと判断されたということだ。

つまり**返事がもらえないのは、すべて自分の責任であって相手の責任ではない**のだ。

私の書斎にある固定電話は24時間３６５日ずっと留守番電話に設定してある。

大切な用事があれば必ず留守番電話に録音されるし、たいした用事でなければそのまま電話を切ってくれるからとても便利だ。

携帯に至っては伝言すら設定しておらず、別室で終始充電しっ放しだ。

だから寝る前に一度チェックするだけだ。

着信記録をチェックし、名前が登録されている知人で気が向いたら折り返し電話するが、登録されていない番号なら知人ですらないからそのまま無視だ。

メールも滅多に返事はしないし、仮にしたとしても最小限に留める。

返事を迫ってくるような相手は、即刻受信拒否にしてそのまま自動削除設定にする。

こうすることによって、モテないクンやモテないちゃんをすべてシャットアウトできるのだ。

翻って、あなたはどうだろうか。

返事をもらえないのは自分がその程度の魅力だということから目を背け、執拗に相手に返事を迫ってはいないだろうか。

返事をもらいたければ返事をくれない相手を逆恨みするのではない。

返事をもらえるように、自分の魅力をひたすら向上させることだ。

しつこくしないだけで、あなたの魅力はアップするのだ。

Chapter 4

33

たくさんの人と出逢うのは、
たった1%の人に
巡り合うため。

たくさんの人に会ったほうが良いというのは本当だろうか。

まあ、本当の話だ。

無理にたくさん会う必要はないが、普通にしていて出逢った人を拒む必要もない。

普通に生活していれば、放っておいてもたくさんの人と出逢うはずだ。

あなたがサラリーマンで毎日電車で通勤していれば、朝家を出てから最寄りの駅に向かうまでの間にも何人かに出逢うだろう。

会社では自社の社員はもちろんのこと、取引先とも出逢うだろう。

ランチで近所の食堂に入れば、そこでも出逢いがあるだろう。

仕事帰りに居酒屋に寄れば、そこでも出逢いがあるだろう。

休日にショッピングモールに出かければ、そこでも出逢いがあるだろう。

自分ではごく普通の人生を送っているつもりでも、日常的に膨大な数の人たちと出逢っていることに気づくはずだ。

もしかしたら日常で出逢った人の中に、将来の大富豪が潜んでいるかもしれない。

もしかしたら日常で出逢った人の中に、将来の成功者が潜んでいるかもしれない。

否、かなりの確率で潜んでいるだろう。

あなたが**たくさんの人と出逢うのは、あなたの運命の人と出逢うため**なのだ。

わざわざ世界中を探さなくても、あなたはもう日常の中で運命の人に出逢っている。

少なくともあなたが運命の人と出逢うきっかけを作ってくれる人に、すでに日常の中で出会っている。

運命の人は、１％しかいない。

換言すれば、**99％は運命の出逢いではないから、別れが訪れても動じなくて良い**ということだ。

私はこれまでに3千人以上のエグゼクティブと、1万人以上のビジネスパーソンと出逢ってきたが、運命の出逢いは1%だった。

だが残り99%の出逢いが無駄になったかといえば、そんなことはない。

1%の運命の人に出逢うために、99%の人たちは多くのことを私に教えてくれた。

99%の人たちと出逢ってきたからこそ、1%の運命の人に出逢えたのだ。

この法則を知っておけば、絶縁や失恋も決して絶望的にはならないはずだ。

「ああ、これも1%の運命の人に出逢うための準備だな」と思えば良いのだから。

Chapter 4

34

本音を言い続けていると、
親友に早く出逢える。

私は幼少の頃から今日に至るまでずっと人生の節目で親友に恵まれてきた。

その理由はたったひとつしか思い浮かばない。

初対面の時から本音を言い続けてきたことだ。

これを繰り返していると、99％の人間はドン引きして離れて行く。

ところが**1％の変わり者が傍に残ってくれる**。

これが親友なのだ。

第一印象で自分を偽っていない分、それ以上に印象が悪くなることはない。

それどころか少し優しくしただけで「最初は引いたけど、なかなか良いヤツじゃないか」と評価が上がる。

恋愛でもこれは同じだ。

私は一人ひとりの異性との交際期間が長いし、別れたあとでも応援団になってくれていることが多い。

それは会って早々、相手に本音をストレートにぶつけてきたからだ。

もちろんそれで離れる異性も多かったが、残ってくれる異性も必ず一定割合いた。

残ってくれた異性は、確実に私に惚れてくれた。

だから好かれるための小細工など一切不要で、普通に接しているだけで相手は幸せそうなのだ。

ここだけの話、**モテモテになるためにはどんなテクニックよりも本音を言い続けたほうが絶対に効果がある**はずだ。

仮にあなたがどんなに捻《ね》じ曲がった思想や極端な思想を持っていても、それに賛同してくれる相手はいつか必ず現れることをお約束する。

たとえはよくないが、ヒトラーやフセインだって命をかけてくれる仲間が大勢いたではないか。

あなたも、さすがにヒトラーやフセインほどではないにしろ、強く個性的な思想を持っているかもしれない。

どんな本音でも言い続けてさえいれば、必ず賛同者に出逢うものだ。

あなたの人生の限られた時間を有効に使うには、勇気を持って初対面から相手に本音をぶつけることだ。

本音を言わない人生は、死んでいるのと同じだ。

あなたにとって**本当に必要な人とは、本音を言い続けても残ってくれる人**なのだ。

Chapter 4

35

リア充ほど、
友だちが少ない。

独りぼっちでいることを寂しく感じる人がいる。

それはそれで正直で良い。

だが、独りぼっちでいることが寂しいのは、あなたの人生が充実していないからだ。

少し言い方を変えると、あなたが弱者だからである。

あなたに力がなく、人生が充実していないからこそ、独りぼっちが寂しいのだ。

あなたは驚くかもしれないが、一般にリア充ほど友だちが少ないものだ。

本当のリア充になると、最小限の親友さえいればあとは独りで自由気ままに過ごしたくなる。

放っておいても、「あなたに会いたい！」という人で溢れ返るから、独りぼっちでも寂しくないのだ。

むしろ「会いたい！」とアプローチしてくる人を選別するので忙しいくらいだ。

友だちが少ないということは、恥ずかしいことではないのだ。

八方美人ではないから、信頼できるくらいだ。

独りぼっちになると時間が生まれるから、その時間に自分の力を磨くことができる。

独りぼっちが寂しいなら、何かに没頭すれば良いだけだ。

寂しさを感じるということは、あなたが暇だということなのだ。

私はサラリーマン時代から独りぼっちに強い憧れを持っていた。

なぜなら日々出逢う成功者たちは、すべて独りぼっちだったからだ。

私も早く独りぼっちの環境を構築して、悠々自適な人生を謳歌《おうか》したいと切望したものだ。

独立して独りぼっちの環境を構築した瞬間、人生の流れが一変した。

会いたいと言ってくる人が驚くほど増え、彼ら彼女らはお金を運んできてくれた。

独りぼっちになればなるほど深い出逢いに恵まれて、自然にお金も集まってくるという法則を全身で享受できた。

だから私は今でも鉄壁の孤独の環境を構築している。

簡単に人に会ってはいけないし、こちらから「会いたい」とも言わない。

ここ最近は取材やインタビューも原則お断りしているが、逆に仕事はますます増えている。

独りぼっちの人はもうそれだけでラッキーなのだから、あり余る時間を活かして何かに没頭することだ。

あなたが何かに没頭して寂しさが消えた頃に、人とお金が殺到するのだ。

Chapter 4

36

こんな時代だからこそ、ラブレターが効果的。

私は学生時代によくラブレターを書いた。

友人の代筆で何度か書いたこともある。

中でもヒット率が高かったのはうだうだ愛を語るラブレターではなかった。

便箋のド真ん中に目一杯太いマジックの大きな文字で「好きだ！」と書いたものが、一番ヒット率が高かった。

こうして本を書くからには正直に告白するが、本当はそれほど好きな相手ではなくてもヒット率を検証するためにせっせとラブレターを綴《つづ》ったものだ。

それが高じて、社会人になってからはコピーを考える仕事の依頼が多くなった。

サラリーマン時代のお客様の中には、商品の案内の横に定期的にこっそり綴っていた詩を気に入ってくれて、わざわざ会社に感動したという電話をかけてきた人もいる。

リーダーが４００文字で綴る社内報の雑感がリレー形式で定期的に私に回ってきた

が、その度に一部の女性スタッフたちから「今回はここがよかった！」というメールが届いた。

プロジェクト終了後に作成する厚い報告書には、表紙をめくるとその会社のためだけにオリジナルのメッセージを掲載しておいたが、当日のプレゼンはただそのメッセージを聞くためだけに出席する重役もいたものだ。

すべては学生時代に書きまくったラブレターのおかげだった。

私には私のキャラがあるから、短いキャッチコピーが向いていたのだと思う。

あなたにはあなたのキャラがあるだろうから、色々試してみることだ。

異性を口説くのと、お客様を口説くのは基本的に同じだ。

相手をキュン！　とさせるためにはどうすれば良いかを、必死で観察して知恵を絞るのだ。

どんなに時代がデジタル化しても、アナログの魅力がゼロになることはない。

むしろ**デジタル化していくからこそ、アナログの価値が上がる**のだ。

広告代理店のコピーライターは、その場の即興の手書きでプレゼンすることが多い。

それだけアナログの威力を知っているからだ。

仮にデジタルでコピーを書いたとしても、どんな字体でサイズはどうするのかはアナログ的な問題だ。

こんな時代だからこそ、手書きでラブレターをせっせと書いて恋も仕事も充実させよう。

Chapter 4

37

「ご馳走様でした」より、「美味しかったぁ〜」。

あなたが女性なら、ぜひ知っておいてもらいたいことがある。

男性からご馳走《ちそう》してもらったら、「ご馳走様でした」と言ってはいけない。

満面の笑みで「美味しかったぁ～」と言うのだ。

特にあなたが意中の男性を喜ばせたいのであれば、尚更である。

男性はもともと女性に快感を味わってもらうために生まれてきた。

石器時代の雄たちが狩猟で命をかけてマンモスを獲得しようとしたのは、雌に美味しいものをたくさん食べてもらって悦ばせるためだった。

現在は時代が変わって男性は仕事でお金を稼ぐようになったが、やはり好きな女性には美味しいものをたくさん食べてもらって悦ばせたいという本能がある。

男性が女性から「お腹空いた」と言われると無性に燃えるのは、雄の闘争心が騒ぐからである。

好きな女性にひもじい思いをさせるのは、男性にとってこの上ない恥なのだ。

男性が女性から「美味しかったぁ〜」と言われると自尊心が満たされるのは、雄として使命を果たしたからである。


好きな女性のお腹を満たすのは、男性にとってこの上ない名誉なのだ。


食というのは非常に深く本能に関わっているから、出逢いにもそのまま直結する。

食を通じて幸せを感じ合えば、その出逢いは繋がる可能性が高い。

食を通じて不幸を感じ合えば、その出逢いは途切れる可能性が高い。

女性は、好きな男性にご馳走してもらったら、今日からは最高の表情で「美味しかったぁ〜」と伝えてみよう。

きっと素敵な人生が送れるはずだ。


男性は「美味しかったぁ〜」の表情がピカイチの女性と出逢えるようにしよう。

「美味しかったぁ～」の表情が卓越した女性は、間違いなくあなたを出世させてくれる〝あげまん〟だからである。

あなたはその女性の「美味しかったぁ～」を聞くために、これからバリバリ仕事をするのだ。

だから、素の状態が美人かどうかを見るよりも、美味しいものを食べさせて「美味しかったぁ～」の表情を抜き打ちテストするほうが遥かに重要なのだ。

Chapter 5

モノとの出逢いで、自分を高める

Object

Chapter 5

38

商品探しより、
相性の良い店員探し。

あなたがモノを買う際に、最初に気にすることは何だろうか。

とりあえず値段を気にする人がいる。

とりあえずブランドを気にする人がいる。

とりあえず近所の店から買う人がいる。

私がこれまで出逢ってきたお金持ちたちは、商品探しをする前に人探しをしていた。

つまり、相性の良い店員探しをしていたのだ。

たとえば不動産で良い物件を探そうと思ったら、とりあえず相性の良い不動産店員を探すことだ。

相性の良い店員に出逢えば、様々な情報をあなたに提供してくれる。

場合によっては、裏情報を流してくれることもある。

結果としてあなたにピッタリの良い物件が見つかるというわけだ。

これをお金持ちたちから事前に教わっていた私は、何かを買う際には必ず店員探しから始めた。

いくら一流ブランドショップでも、「この店員の営業成績に協力して、美味しいものを食べさせてあげたいとは思わないな」と感じたら絶対に買わない。

これは少し考えればわかるカラクリだ。

もしあなたが車を購入したら、担当した店員の成績にカウントされる。

すると直接的か間接的かは別として、その店員の給料やボーナスがアップする。

そのお金で店員たちは家族を養ったり、美味しいものを食べたりできるのだ。

いやらしい話に聞こえるかもしれないが、このカラクリを熟知した上で店員と接するのと、あやふやにしたままで店員に接するのとでは力関係がまるで違ってくる。

綺麗事を抜きにすれば、お金は力なのだ。

力を露骨に見せつけるのはどうかと思うが、力をチラつかせるのはとても有効だ。お客様であるあなたが上で、店員が下であることをきちんとわからせることで良い買い物ができるのだ。

一流ブランドショップには、一流の店員が働いているかといえばそんなことはない。一流品や高額商品を扱っていても、エリートでもお金持ちでもないことが多い。

どうせ買うなら、少しでも感じの良い人から買ったほうが良い。

Chapter 5

39

迷ったら、買わない。

これまで膨大な数のお金持ちと貧乏人に出逢ってきた。

お金持ちと貧乏人の購買パターンには決定的な違いがあった。

お金持ちは迷ったら買わないが、貧乏人は迷ったらとりあえず買ってしまうのだ。

お金持ちはケチなのだろうか。

そんなことはない。

トータルで考えれば、膨大なお金を使っている。

お金持ちというのは本当に欲しいモノに対しては惜しみなくお金を出す。

しかし、迷う程度の魅力のモノにはお金を出すまでもないと考えるのだ。

これが、お金持ちの家にはモノが少なくて、貧乏人の家にはモノが溢れ返っている理由だ。

貧乏人はただでさえお金がないのに、なけなしのお金を使ってますます貧しくなってしまうのだ。

私のサラリーマン時代にも、コンビニに食事を買いに行くと、平社員に限って弁当以外にスナック菓子やレジ横に並んでいる饅頭《まんじゅう》、あるいは雑誌を買っていた。

パンとミネラルウォーターしか買わない高級取りの役職者とは対照的だった。

もしお金持ちになりたければ、迷ったら買わないことだ。

迷ったら買わないようにするだけで、人生は非常にスッキリしたものに変わる。

今家にあるモノでも本当に必要かどうか迷ったら、捨ててしまうことだ。

すべてにおいてスッキリしておくことは、お金持ちになるためには重要なことだ。

家には自分が本当に気に入ったモノだけ置いて、スッキリする。

デスクの上には今取り組んでいる仕事に必要なモノだけ置いて、スッキリする。

普段持ち歩く鞄には外出先で必要なものだけ入れて、スッキリする。

財布をポイントカードやレシートで膨らませないで、スッキリする。

玄関は今日履いた靴以外すべて片付けて、スッキリする。

以上を徹底するだけでも、貧乏からは脱出できるだろう。

なぜなら、**スッキリすると迷わなくても良い**からだ。

迷うというのは、それだけで時間を浪費する行為であり、貧乏菌に感染してしまう。

クローゼットに勝負服や勝負ネクタイしかなければ、どれを選んでも良いから迷う時間がゼロになる。

これがお金持ち人生へのスタートなのだ。

Chapter 5

40

安くて良いモノは、
存在しないと心得る。

良いモノを買おうと思ったら、安くないと知っておくことだ。

この当たり前の事実から目を逸らしている人は多い。

高いモノがすべて良いとは限らないが、良いモノは概して高い。

すべての商品には適正価格というものが存在していて、良いモノの値段がそれを下回ることはないのだ。

本物の高級住宅の値段にはちゃんとした理由がある。

本物の高級車の値段にはちゃんとした理由がある。

本物の高級時計の値段にはちゃんとした理由がある。

勉強すればするほど、その値段では申し訳ないくらいだと痛感させられる。

高級品に限らず、正露丸やソンバーユといったロング&ベストセラーは適正価格だ。

正露丸やソンバーユの類似品が出回っていたとしても、正露丸やソンバーユが類似品と比べて安いということはない。

逆に正露丸やソンバーユという本物商品があるからこそ、それより明らかに高い商品はボッタくりで、明らかに安い商品は偽物だということがわかるのだ。

最初から「安かろう、悪かろう」で構わないというわかりやすい人は、それで良い。最初から「とにかく桁違いに高いモノが好き」という価値観の人も、それで良い。人の価値観はそれぞれだから、無理に他人に押しつける気は毛頭ない。

だが「安くて良いモノを探そう」という姿勢だけは徒労に終わるから、絶対にやめたほうが良い。

「安くて良いモノを探そう」とすればするほど、お金がどんどんなくなっていく上に、良いモノとは永遠に出逢うことができない。

念のため、大富豪たちは「安くて良いモノを探そう」と考える代わりにどう考えるかを披露しておこう。

彼らは「高くて良いモノを探そう」と考えるのだ。

安いモノは最初から選択肢に入らないのだ。

「高いからといって、良いモノとは限らない！」と叫び続けるのは貧乏人の嫉妬で、

大富豪たちは高いモノの中から良いモノを探したいのだ。

なぜなら良いモノを創ってくれた人には、少しでも多くのお金を還元したいからだ。

良いモノに出逢いたければ、それ相応のお金を払うのは最低限の礼儀なのだ。

Chapter 5

41

お金持ちとちゃんと知り合いたければ、高級時計を買う。

富裕層ビジネスのコンサルティングをしている人が、普通のサラリーマンというのはやや無理がある。

彼らにできることといえば、せいぜい過去の資料の表面上の分析と、会社の看板を目一杯利用したエセ富裕層へのインタビューくらいだ。

並の人間が富裕層と深い付き合いをするのはほぼ不可能なのだ。

富裕層ビジネスを展開して成功しやすいのは、元富裕層か現役富裕層のいずれかだ。

没落貴族の元富裕層はお金持ちの思考が手に取るようにわかるから、富裕層ビジネスを展開しても成功しやすい。

現役富裕層は今まさに自分が求めているサービスをすれば良いから、富裕層ビジネスを展開しても成功しやすい。

では元富裕層でも現役富裕層でもないあなたが富裕層たちと出逢いたければ、これからどうすれば良いか。

とりあえず高級時計を買ってみることから始めよう。

あなたが仕事でお金持ちと出逢った際、ちょっと注意して彼らの目線を気にしてみると良い。

彼らはかなりの確率であなたの腕時計をチェックしているはずだ。

これは**多少無理をしてでも彼らが興味を示すようなレベルの高級腕時計をしていれば、それだけであなたは一目置かれるということ**に他ならない。

最近は腕時計を持たないで携帯で時間をチェックする人も増えてきた。

だからこそ、あなたが高級腕時計をしていると逆に際立つというものだ。

ここ最近は高級機械式時計の人気が高まっているが、一流ブランドの廉価版を購入する元気なサラリーマンも増えている。

さすがにリシャール・ミルになると普通のサラリーマンで購入するのはちと苦しいが、パテック・フィリップ、オーデマ・ピゲなら200万円台から品揃えがある。

これなら車を所有しなければ若手サラリーマンでも決して夢ではない。

しかも、これら一流ブランドの高級時計を購入すると、定期的にパーティーやイベントに招待される。

もちろんそこにはお金持ちがたくさん参加している。

お金持ちとちゃんと出逢いたければ、それなりの投資をすべきなのだ。

Chapter 5

42

高価なモノを買う際には、
詳しい知人に同行してもらう。

あなたは高価だと思う商品をどのように買っているだろうか。

高価なモノの代表に家や車、生命保険などがあるが、これらの購入に失敗すると痛い目に遭う。

場合によっては、致命傷になるかもしれない。

だから高価なモノを購入する際には、詳しい知人に同行してもらうことだ。

知人の知人や親戚の親戚を辿れば、必ずそれなりの専門家が見つかるものだ。

もしいないなら、専門家を1日お金で雇っても良いくらいだ。

高価な買い物で失敗し、後悔するのに比べれば、専門家を雇う出費など安いものだ。

私の場合は様々な業界にそれぞれ詳しい知人がいるから、まずその人に声をかける。

「今度、レザージャケットを買おうと思うんだけど……」と声をかければ、私のことを熟知しているアパレル業界の知人が、表参道のあのブランドショップでこんなのがあるという情報を教えてくれて同行してくれる。

「今度、東京で書斎を構えたいんだけど……」と声をかければ、地方から東京に出てきて活躍している社長が、南青山のこのマンションにしておけば間違いないと教えてくれて同行してくれる。

「今度、良い腕時計を買おうと思っているんだけど……」と声をかければ、これまでに出逢ったお金持ちたちが、とりあえず骨董通りのこのブティックに行けと教えてくれて同行してくれる。

同行してもらった相手には、交通費を払うのはもちろん、お礼にきちんとしたホテルでご馳走する。

相手が専門のプロなら、しかるべきお金を払う。

たったこれだけで高価なモノを買ってハズレを掴まされる確率がグンと減るのだ。

それどころか店員にも一目置かれ、ぞんざいな扱いを受けることはない。その道に詳しい知人は「また何かあったら声をかけてくれ」と喜んで言ってくれるし、逆に私に力になれることがあれば喜んで協力させてもらう。

こうした視点であなたの周囲の人々を観察していくと、どんな人にも何か1つくらい詳しい分野があるものだということがわかってくるはずだ。

反対に、**親しくなりたい相手がいたら、その人の詳しい分野を教わるために同行してもらえば良い。**

Chapter 5

43

サプリメントや
スキンケア商品は、
1年以上使った人を
実際に見てから決める。

テレビＣＭや雑誌の広告は、各種サプリメントやスキンケア商品の宣伝で溢れ返っている。

ドラックストアでも、薬よりもサプリメントやスキンケア商品のほうが、品揃えも豊富で売れているくらいだ。

医学的に調査すれば結果は賛否両論あるこれらの商品は、果たしてどのくらいの信頼性があるのだろうか。

これまでに様々なデータを調べたところ、数値的にはやや効果が見られるが確実に差が認められるわけではないという程度のものが多かった。

だが〝やや〟効果が見られるという部分がミソで、それが自分に当てはまれば〝大当たり〟というわけだ。

実際に私の周囲の医者には、予防医学の一環として複数のサプリメントを飲んだり、美容のためのスキンケア商品にハマっている人も多い。

仮にサプリメントのほとんどが、効くと思い込むことで効き目が表れるようなプラシーボ効果だとしても、効果が出る限り価値はあるのだ。

市場がこれだけ大きくなれば、決してバカにはできない。

かくいう私もかれこれ何年もサプリメントとスキンケア商品を継続して使っているが、それらの決定打は使っている人を見たことだ。

その商品を1年以上使い続けている人を生で見て、私が「この人みたいになりたい！」と思えるものだけを試すことにした。

今のところ確実に効果を感じられるから、これから先も使い続けるつもりだ。

あなたも実際の利用者を生で見たほうが良い。

テレビCMや雑誌の広告などの間接的な情報だけでは、情報発信者の都合の良いように利用されてしまうだけだ。

テレビCMや雑誌の広告に登場する〝作られたお客様の声〟ではなく、あなた自身が声を集めるのだ。

何も難しいことではない。

周囲で元気な人や綺麗な人を見つけたら、どんなサプリメントやスキンケア商品を使っているか聞いてみることだ。

あなたが真剣なら、相手も真剣に答えてくれるはずだ。

Chapter 5

44

旅先や出張先では、運命の1冊に出逢いやすい。

サラリーマン時代から私の楽しみのひとつに、出張先の書店やコンビニで本を買うことがあった。

独立した今では旅先で書店に寄るようにしている。

否、その地の書店に寄るために旅行しているのかもしれない。

特に最寄りの駅構内にある書店や宿泊先のホテル周辺にあるコンビニは、必ずといって良いほど立ち寄る。

そしてそれらの場所では運命の1冊に出逢うことが多いのだ。

理由としては、**不慣れな場所で気持ちが高ぶっているのと、初めての書店では本の陳列の仕方も見慣れていないから、これまで出逢わなかった本も目につく**のだろう。

その著者の本は全部読んでいたと思い込んでいたのに、まだ読んでいなかった本を発掘したこともあった。

聞き慣れないマニアックな出版社から出されている、ちょっとブラックな暴露本を発掘したこともあった。

どれだけ探しても見つけられなかった絶版本と、あっさり出逢ったこともある。

旅先や出張先で運命の1冊に出逢うと、もうそれだけで元が取れたようなものだ。

ベッドや布団にゴロンと寝転がって、運命の本を読むのは至福の瞬間だ。

思わず夜更かししたり、つい夜が明けてしまったりした経験は一度や二度ではない。

私にとって運命の本は、翌日の仕事より大切なのだ。

いくら出張先で仕事がはかどっても、その日に運命の本に出逢えなければどこか損をした気分になる。

私にとって運命の本は、人生そのものなのだ。

旅先でなくても、初めての書店を見つけたらできる限り立ち寄るようにしている。

なぜなら運命の本に出逢いやすいからだ。

旅先や出張先の疑似体験をしているのだ。

それほど、運命の本は重要なものなのだ。

あなたがどんな職業であったとしても、旅行や出張はできるだけたくさんしたほうが良い。

そして、旅先にある書店に立ち寄ってみよう。

それだけで人生の幅が広がるのは間違いない。

Chapter 5

45

書店でつい最後まで
立ち読みしてしまった本は、
運命の本だ。

「運命の本とはどんな本ですか？」

そんな質問が届いた。

運命の本とはつい最後まで立ち読みしてしまうような本のことである。

書店やコンビニで面白い本を見つけて買おうと思っていても、レジまで持って行く時間がもったいなくてグイグイ引き込まれて最後まで読んでしまう本があるだろう。

それがあなたにとって運命の本だ。

私は書店で人間観察するのが好きだが、立ち読みで全部読破したあとでレジに持って行くのは圧倒的に女性が多かった。

男性はタイトルだけ見て手に持ってそのままレジに向かうか、二度以上立ち読みしてから買う人が多かった。

ちなみに私の本も最後まで立ち読みしてからレジに向かう人を、これまで何人も目撃している。

全部読み切ったのに、自分の部屋に置いておきたいと思ってもらえたのだ。

全部読み切ったのに、もう一度自分の部屋で読みたいと思ってもらえたのだ。

その度に私は書店で読破できる本を書こうと強く思った。

私に限らず書店で読破できる本を書き続けている著者には、長期的に成功している人が多い。

私もそんな著者たちにこれまでの人生を支えてもらってきた。

あなたには書店で思わず読破してしまった本はあるだろうか。

そんな本に出逢えたというだけでも、あなたは幸せ者だ。

読者の立場になって思い返してみると、**書店でつい読破してしまった本は必ずその後また必要になった**ものだ。

これは小説も例外ではない。

書店でサクッと読破するのと自分の部屋でゆっくり読むのとでは、読書の意味がまるで違うのだ。

書店ではどこか申し訳ない気持ちもあって、無意識に速読してしまう。

自分の部屋なら、誰にも邪魔されずに好きなペースでのんびり読むことができる。

速読とのんびり読みはどちらが上でどちらが下というものではない。

速読はあらすじを掴むのに向いていて、のんびり読みは運命の言葉に出逢いやすい。

最後まで立ち読みしてしまった本には、改めてのんびり読みするだけの価値がある。

買ってまで二度読むのは、運命の言葉に出逢うためなのだ。

Chapter 5

46

モノとの出逢いは、
人との出逢いだ。

良いモノと出逢いたければ、良い人と出逢わなければならない。

良い人と出逢いたければ、良いモノと出逢わなければならない。

モノの先には必ず人がいる。

モノを創ったのは人だし、モノを売るのは人だ。

人の先には必ずモノがある。

人はモノを創るし、人はモノを売る。

目に見えるモノもあれば、目に見えないモノもある。

あなたも何かのプロであれば、何かモノを創っているはずだ。

あなたがプロとして誇りあるモノを創っていれば、いい加減なモノに出逢うと嫌悪感を抱くはずである。


あなたが誇りあるモノを好むのは、あなたが誇りあるモノを創って、誇りある人生

を歩んでいるからだ。

誇りあるモノに触れるということは、誇りある人と出逢っているということだ。

もしあなたが誇りある人と出逢いたければ、誇りあるモノに触れれば良い。

もしあなたが誇りあるモノと出逢いたければ、誇りある人に触れれば良い。

そうすればあなたの生涯は、成長人生一直線だ。

あなたがそれを望むなら、それで良い。

あなたがアマとしていい加減なモノを創っていれば、誇りあるモノに出逢うと嫌悪感を抱くはずである。

あなたがいい加減なモノで甘んじていられるのは、あなたがいい加減なモノを創って、いい加減な人生を歩んでいるからだ。

いい加減なモノに触れるということは、いい加減な人と出逢っているということだ。

もしあなたがいい加減な人と出逢いたければ、いい加減なモノに触れれば良い。
もしあなたがいい加減なモノと出逢いたければ、いい加減な人に触れれば良い。
そうすればあなたの生涯は、転落人生一直線だ。
あなたがそれを望むなら、それで良い。
人生はあなたの選択の集大成だから、他人にとやかく言われる筋合いはない。
どちらでもあなたの好きなコースを選べば良い。
私は、成長を目指す人に向けてこうして本を書いている。

『稼ぐ男の身のまわり』


【実務教育出版】

『ヒツジで終わる習慣、ライオンに変わる決断』


【秀和システム】

『将来の希望ゼロでもチカラがみなぎってくる63の気づき』


【新日本保険新聞社】

『勝つ保険代理店は、ここが違う！』


【すばる舎】

『断れる20代になりなさい！』

『今から、ふたりで「5年後のキミ」について話をしよう。』

『「どうせ変われない」とあなたが思うのは、「ありのままの自分」を受け容れたくないからだ』


【星海社】

『「やめること」からはじめなさい』

『「あたりまえ」からはじめなさい』

『「デキるふり」からはじめなさい』


【青春出版社】

『リーダーになる前に20代でインストールしておきたい大切な70のこと』


【総合法令出版】

『20代のうちに知っておきたい お金のルール38』

『筋トレをする人は、なぜ、仕事で結果を出せるのか？』

『お金を稼ぐ人は、なぜ、筋トレをしているのか？』

『さあ、最高の旅に出かけよう』


【ソフトバンク クリエイティブ】

『人生でいちばん差がつく20代に気づいておきたいたった1つのこと』

『本物の自信を手に入れるシンプルな生き方を教えよう。』


【ダイヤモンド社】

『出世の教科書』


【大和書房】

『「我慢」と「成功」の法則』

『20代のうちに会っておくべき35人のひと』

『30代で頭角を現す69の習慣』

『孤独になれば、道は拓ける。』

【宝島社】
『死ぬまで悔いのない生き方をする45の言葉』
【共著】『20代でやっておきたい50の習慣』
『結局、仕事は気くばり』
『仕事がつらい時 元気になれる100の言葉』
『本を読んだ人だけがどんな時代も生き抜くことができる』
『本を読んだ人だけがどんな時代も稼ぐことができる』
『1秒で差がつく仕事の心得』
『仕事で「もうダメだ！」と思ったら最後に読む本』

【ディスカヴァー・トゥエンティワン】

『転職1年目の仕事術』


【徳間書店】

『一度、手に入れたら一生モノの幸運をつかむ50の習慣』

『想いがかなう、話し方』

『君は、奇跡を起こす準備ができているか。』


【永岡書店】

『就活で君を光らせる84の言葉』


【ナナ・コーポレート・コミュニケーション】

『15歳からはじめる成功哲学』

千田琢哉　主な作品一覧

【アイバス出版】
『一生トップで駆け抜けつづけるために20代で身につけたい勉強の技法』
『一生イノベーションを起こしつづけるビジネスパーソンになるために20代で身につけたい読書の技法』
『1日に10冊の本を読み3日で1冊の本を書く ボクのインプット＆アウトプット法』
『お金の9割は意欲とセンスだ』

【あさ出版】
『この悲惨な世の中でくじけないために20代で大切にしたい80のこと』
『30代で逆転する人、失速する人』
『君にはもうそんなことをしている時間は残されていない』
『あの人と一緒にいられる時間はもうそんなに長くない』
『印税で1億円稼ぐ』
『年収1,000万円に届く人、届かない人、超える人』
『いつだってマンガが人生の教科書だった』

【朝日新聞出版】
『仕事の答えは、すべて「童話」が教えてくれる。』

【海竜社】
『本音でシンプルに生きる！』
『誰よりもたくさん挑み、誰よりもたくさん負けろ！』

【学研パブリッシング】
『たった2分で凹みから立ち直る本』
『たった2分で、決断できる。』
『たった2分で、やる気を上げる本。』
『たった2分で、道は開ける。』
『たった2分で、自分を変える本。』
『たった2分で、自分を磨く。』
『たった2分で、夢を叶える本。』
『たった2分で、怒りを乗り越える本。』
『たった2分で、自信を手に入れる本。』
『私たちの人生の目的は終わりなき成長である』
『たった2分で、勇気を取り戻す本。』
『今日が、人生最後の日だったら。』
『たった2分で、自分を超える本。』

【KADOKAWA】
『君の眠れる才能を呼び覚ます50の習慣』

【かんき出版】
『死ぬまで仕事に困らないために20代で出逢っておきたい100の言葉』
『人生を最高に楽しむために20代で使ってはいけない100の言葉』
ＤＶＤ『20代につけておかなければいけない力』
『20代で群れから抜け出すために顰蹙を買っても口にしておきたい100の言葉』
『20代の心構えが奇跡を生む【CD付き】』

【きこ書房】
『20代で伸びる人、沈む人』
『伸びる30代は、20代の頃より叱られる』
『仕事で悩んでいるあなたへ 経営コンサルタントから50の回答』

【技術評論社】
『顧客が倍増する魔法のハガキ術』

【KKベストセラーズ】
『20代　仕事に躓いた時に読む本』

【廣済堂出版】
『はじめて部下ができたときに読む本』
『「今」を変えるためにできること』
『「特別な人」と出逢うために』
『「不自由」からの脱出』
『もし君が、そのことについて悩んでいるのなら』
『その「ひと言」は、言ってはいけない』

千田琢哉　主な作品一覧

【日本実業出版社】
『「あなたから保険に入りたい」とお客様が殺到する保険代理店』
『社長！この「直言」が聴けますか？』
『こんなコンサルタントが会社をダメにする！』
『20代の勉強力で人生の伸びしろは決まる』
『人生で大切なことは、すべて「書店」で買える。』
『ギリギリまで動けない君の背中を押す言葉』
『あなたが落ちぶれたとき手を差しのべてくれる人は、友人ではない。』

【日本文芸社】
『何となく20代を過ごしてしまった人が30代で変わるための100の言葉』

【ぱる出版】
『学校で教わらなかった20代の辞書』
『教科書に載っていなかった20代の哲学』
『30代から輝きたい人が、20代で身につけておきたい「大人の流儀」』
『不器用でも愛される「自分ブランド」を磨く50の言葉』
『人生って、それに早く気づいた者勝ちなんだ！』
『挫折を乗り越えた人だけが口癖にする言葉』
『常識を破る勇気が道をひらく』
『読書をお金に換える技術』

【ＰＨＰ研究所】
『「その他大勢のダメ社員」にならないために20代で知っておきたい100の言葉』
『もう一度会いたくなる人の仕事術』
『好きなことだけして生きていけ』
『お金と人を引き寄せる50の法則』
『人と比べないで生きていけ』
『たった1人との出逢いで人生が変わる人、10000人と出逢っても何も起きない人』
『友だちをつくるな』

【マネジメント社】
『継続的に売れるセールスパーソンの行動特性88』
『存続社長と潰す社長』
『尊敬される保険代理店』

【三笠書房】
『「大学時代」自分のために絶対やっておきたいこと』
『人は、恋愛でこそ磨かれる』
『仕事は好かれた分だけ、お金になる。』
『1万人との対話でわかった 人生が変わる100の口ぐせ』

【リベラル社】
『人生の9割は出逢いで決まる』

著者略歴

千田　琢哉（せんだ たくや）

文筆家。

愛知県犬山市生まれ、岐阜県各務原市育ち。

東北大学教育学部教育学科卒。日系損害保険会社本部、大手経営コンサルティング会社勤務を経て独立。コンサルティング会社では多くの業種業界における大型プロジェクトのリーダーとして戦略策定からその実行支援に至るまで陣頭指揮を執る。のべ 3,300 人のエグゼクティブと 10,000 人を超えるビジネスパーソンたちとの対話によって得た事実とそこで培った知恵を活かし、“タブーへの挑戦で、次代を創る”を自らのミッションとして執筆活動を行っている。

著書は本書で 109 冊目。

E-mail：info@senda-takuya.com
ホームページ：http://www.senda-takuya.com/

〒 460-0008　名古屋市中区栄 3-7-9 新鏡栄ビル 8F　株式会社リベラル社　編集部気付
千田琢哉　行

※食品、現金、切手等の同封はご遠慮ください（リベラル社）

人生の９割は出逢いで決まる

Senda Takuya
千田 琢哉

デザイン　キムラナオミ（2P Collaboration）
編　集　廣江和也（リベラル社）
編集人　伊藤光恵（リベラル社）

2015年8月8日　初版

著　者　千田琢哉
発行者　隅田直樹
発行所　株式会社　リベラル社
〒460-0008 名古屋市中区栄3-7-9 新鏡栄ビル8F
TEL 052-261-9101　FAX 052-261-9134
http://liberalsya.com

発　売　株式会社　星雲社
〒112-0012 東京都文京区大塚3-21-10
TEL 03-3947-1021

ISBN978-4-434-20916-1